Schwabe reflexe

Band 88

Emil Angehrn

Das unersetzbare Selbst

Der Mensch im Zeitalter der Künstlichen Intelligenz

Schwabe Verlag

Gedruckt mit Unterstützung der Berta Hess-Cohn Stiftung, Basel

Bibliografische Information der Deutschen Nationalbibliothek
Die Deutsche Nationalbibliothek verzeichnet diese Publikation in der Deutschen Nationalbibliografie; detaillierte bibliografische Daten sind im Internet über http://dnb.dnb.de abrufbar.

Korrektorat: Constanze Lehmann, Berlin
Gestaltungskonzept: icona basel gmbH, Basel
Cover: Kathrin Strohschnieder, Stroh Design, Oldenburg
Satz: 3w+p, Rimpar
Druck: CPI books GmbH, Leck
Printed in Germany
Herstellerinformation: Schwabe Verlag, Schwabe Verlagsgruppe AG, St. Alban-Vorstadt 76, 4052 Basel, info@schwabeverlag.ch
Verantwortliche Person gem. Art. 16 GPSR: Schwabe Verlag GmbH, Marienstraße 28, 10117 Berlin, info@schwabeverlag.de
ISBN Printausgabe 978-3-7965-5489-6
ISBN eBook (PDF) 978-3-7965-5490-2
DOI 10.24894/978-3-7965-5490-2
Das eBook ist seitenidentisch mit der gedruckten Ausgabe und erlaubt Volltextsuche. Zudem sind Inhaltsverzeichnis und Überschriften verlinkt.

rights@schwabe.ch
www.schwabe.ch

Inhalt

Teil 2:
Der unhintergehbare Subjektbezug

Teil 3:
Menschsein im Zeitalter von Digitalität und Künstlicher Intelligenz

Einleitung: Jenseits des Menschen?

Der künstliche Mensch tritt in neuer Gestalt auf. Was in früheren Formen – als Golem, Homunculus, Maschinenmensch – im Reich der Fantasie, faszinierend wie bedrohlich, doch jenseits des eigentlich Glaubhaften, existierte, ist in die Realität eingedrungen. Roboter, Androide, Cyborgs umgeben den Menschen, bieten ihm Entlastung und öffnen neue Welten. Künstliche Intelligenz scheint den Menschen in seinem Eigensten zu unterstützen, möglicherweise zu ersetzen. Mit seinen Schöpfungen hat sich das Bild des Menschen selbst grundlegend verändert.

Der Wandel betrifft das Sein des Menschen und seine Stellung in der Welt. Die von Freud genannte Reihe der Kränkungen des Menschen[1] – durch die Dezentrierung der Erde im All, des Menschen im Tierreich, des Bewusstseins in der leiblichen Existenz – scheint einen letzten Paroxysmus zu erreichen: Der Mensch geht jeder inneren Souveränität und herrschaftlichen Stellung verlustig. Galt er einst als Krone der Schöpfung und Mittelpunkt der Weltordnung, ist er nun zu einem Glied unter anderen geworden, durch einen kontinuierlichen Übergang mit den anderen Lebewesen und den Dingen verbunden. Der Verlust des Sonderrangs, die Brüchigkeit der humanen Lebensform sind Indizien einer Auflösung, die das menschliche Selbstverständnis herausfordert und den Menschen mit seinem Ende konfrontiert.

In vielfältiger Weise ist in den vergangenen Jahrzehnten das Ende des Menschen angekündigt worden. Manifeste, die den Tod des Autors, die Krise des Subjekts, den Zerfall des Anthropozentrismus proklamieren, stehen für den Verlust einer Orientierung, die unser Selbst- und Weltbild getragen hatte. Die Ankündigung des Endes ist nicht von heute. 1966 hat sie eine berühmte Formulierung in der Schlusspassage von Michel Foucaults Werk *Les mots et les choses* gefunden: «Der Mensch ist eine Erfindung, deren junges Datum die Archäologie unseres Denkens leicht aufzeigt. Und vielleicht das baldige Ende.»[2] Die Radikalität der Diagnose liegt nicht nur im Gedanken einer vielleicht baldigen Auslöschung – wie das Verschwinden eines «Gesichts im Sand am Meeresstrand»[3] –, sondern ebenso in der rückblickenden Wahrnehmung des Menschen als einer Erfindung, fernab vom metaphysisch feststehenden Wesen. Es ist eine Erfindung, deren anthropologische Reflexion Foucault als eine kaum zweihundert Jahre alte Figur wahrnimmt, «eine einfache Falte in unserem Wissen», die verschwinden wird, sobald dieses «eine neue Form gefunden haben wird».[4] Der Topos vom Ende hat mannigfache Echos und Variationen gefunden, prägnant schon 1968 im Titel eines Vortrags von Jacques Derrida über «Les fins de l'homme».[5] Indessen ist auch die in der Postmoderne allgegenwärtige Rede vom Ende nicht schlechthin neu, sondern die Fortschreibung einer kritischen Sicht auf den Menschen, die dessen Bild in der Denkgeschichte von Beginn an begleitet und sich in unterschiedlichen, teils radikalen Ausformulierungen niedergeschlagen hat. Inzwischen scheint der von Foucault in die unbestimmte Zukunft verlegte Niedergang längst eingetreten. Die schwankende Prognose eines vielleicht baldigen Endes verwandelt sich in ein Urteil über Vergangenes und steht als Gegenwartsdiagnose wie als retrospektive Feststellung zur Diskussion. Die ‹Postismen› – Postmoderne, Poststrukturalismus, Posthumanismus etc. – markieren Konstellationen, die sich im Rückblick auf ein Entschwundenes, *danach* situieren.

Indessen bleibt bei dieser mannigfach diversifizierten Diagnose zweierlei klärungsbedürftig. Zu verdeutlichen ist zum einen, *was* es ist, dessen Status und Schicksal infrage steht. Zu präzisieren ist zum anderen, was das Verdikt vom Ende genau beinhaltet und inwiefern es eindeutig und unstrittig ist. Mit diesen Fragen werden die folgenden Ausführungen wesentlich befasst sein.

Vorab lässt sich die Rede vom Ende des Menschen dahingehend charakterisieren, dass sie nicht einfach ein Zu-Ende-Gehen und organisches Sich-Auflösen meint, sondern eine Selbstverkehrung, in welcher Zielwerte und Fundamente der Menschheitsgeschichte infrage stehen. Problematisiert wird das Selbstverständnis des Menschen und seiner modernen Gestalt. Es ist eine Kritikfigur, die von der Gesellschafts- und Zivilisationstheorie her bekannt ist: die Figur einer Inversion, in welcher das Erzeugnis sich verselbstständigt und gegen seinen Urheber wendet, in einer dysfunktional-zerstörerischen Technik, einer grenzenlosen Machtsteigerung oder einer selbstbezüglich-destruktiven Wertvermehrung. Im Hintergrund mag die theologische Figur des Abfalls der Geschöpfe von ihrem Schöpfer, initial der Sturz der Engel aufleuchten. Zur Diskussion steht nicht nur eine falsche, fiktive Emanzipation und Ablösung vom Grund, sondern eine in sich zwiespältige, selbstwidersprüchliche Teleologie, in welcher die Höherentwicklung sich gegen ihr Telos wendet und zur Bedrohung verkehrt. Paradigmatisch bringt das unvergleichliche Potenzial der Künstlichen Intelligenz, das die menschlichen Vermögen ins Unermessliche steigert und zugleich als innerste Gefährdung erfahren wird, die Doppelseitigkeit der Bewegung zum Ausdruck. In alledem offenbart sich im Ganzen ein zutiefst zwiespältiger Befund, eine grundlegende Ambivalenz der Entwicklungsrichtung und ihres Abschlusses, worin sich in eigentümlicher Konvergenz antagonistische Tendenzen gegenüberstehen. Sie manifestieren sich in den Dynamiken des Aufbaus und der Zerstörung, in den Fluchtpunkten des alles überschreitenden Fortschritts und des Untergangs, in den affektiven Erlebnissen des Triumphs und der Angst.

Wenn wir diese Bewegung auf den Kern des infrage stehenden Endes, das Wesen und die Stellung des Menschen, zurückbeziehen, so artikuliert sich ihr Zenit in der zweifachen Gestalt des Transhumanismus und des Posthumanismus. Die beiden, zuweilen verschlungenen Konzepte stehen für distinkte Vorstellungen: für ein Hinausgehen über das Menschliche und ein Sein nach der Ära des Menschen.

Auf der einen Seite geht es um die positive Idee eines Hinausgehens über die Schranken, welche der endlichen Natur des Menschen angelegt sind. In den Blick kommen Zielvorstellungen, die als leitende Prinzipien der Erziehung, der Kultivierung und Selbstvervollkommnung, auch der Züchtung fungieren und weithin mit einem offenen, gegebenenfalls ins Unendliche projizierten Ziel einhergehen und in typischen Visionen mit der Vorstellung einer technologischen Transformation des Menschen assoziiert sind. Solche Leitvorstellungen werden mit Bildern des idealen Menschen, des vollkommenen Lebens, des Übermenschen verbunden. Sie nehmen eine neue, überhöhte Gestalt an, wo sie nicht nur einen idealen Richtwert persönlicher Perfektionierung darstellen, sondern über die konstitutiven Grenzen der conditio humana hinausweisen. Transhumanistische Ideale transzendieren die natürliche Verfassung des Menschen. Ein herausragender Kristallisationspunkt ist die Überwindung der körperlichen Hinfälligkeit mit den Zielvorstellungen einer Abschaffung der Krankheiten, einer Neutralisierung des Alterns und Verlängerung des Lebens, zuletzt einer Annäherung an die Unsterblichkeit. Es sind Zielrichtungen, die einem natürlichen Begehren des Lebendigen entsprechen, deren verabsolutierte Gestalt aber in existenzieller Wahrnehmung als fragwürdig, ja, unheimlich oder lebensfeindlich erfahren werden kann. Die in Mythen erinnerte Ursehnsucht nach der Abschaffung des Todes ist von begrenzter lebensweltlicher Resonanz, ohne dass die transhumanistischen Fantasien ihre Prägnanz verlören. In eine zusätzliche, neue Sphäre dringen sie mit der Steigerung der geistigen Potenzen, exemplarisch mit den spektakulären Fortschritten der Künstlichen Intelligenz vor. Der künstliche Geist scheint jenseits des natürlichen, dem Menschen von Geburt verliehenen Intellekts. Auch darin geht es um eine Potenzierung der Vermögen, die aus dem Menschen kommt, von der aber unklar ist, wieweit sie ihm zu Gebote steht oder sich seiner Herrschaft entzieht. Das Ineinander des *fascinosum et tremendum*, religionsgeschichtliches Prädikat des Numinosen, wird zum Merkmal menschlicher Schöpfung. In ihr findet sich das Subjekt ebenso erhoben wie ins Bodenlose gestellt.

Die oszillierende Wertung solcher Transzendenz wird dort zum Thema, wo das Darüber-hinaus nicht nur die Bedingtheit des menschlichen Lebens, sondern die Figur des Humanismus und die Idee des Humanen selbst betrifft. Der Trans-Humanismus ist ein Gegenkonzept zur kulturellen Form des Humanismus, des vom Menschen ausgehenden und sich in allem auf den Menschen beziehenden Denkens. Exemplarisch hat Martin Heidegger die Gegenwendung in seinem *Brief über den Humanismus*[6] verhandelt. Darin entfaltet er eine kritische Sicht auf unseren Begriff vom Menschen und die durch die metaphysische Tradition geprägte, in der Neuzeit konsolidierte zentrale und herrschaftliche Stellung des Subjekts in der Ordnung des Seins. Die von ihm dagegengehaltene ‹seinsgeschichtliche› Perspektive nimmt das subjektive Sprechen und Wirken von einem tieferen, dem Menschen vorausliegenden Grund her wahr und plädiert für eine grundlegende Umorientierung unseres Selbst- und Weltverständnisses. In dieser wird das Ende der Metaphysik zugleich als Überstieg und «Übergang zu einem anderen Anfang»[7] gefasst, welcher die Subjektzentrierung durch eine tiefere, wesenhaftere Fundierung ablöst. Anders als in den sich als transhumanistisch erklärenden Konzeptionen konvergiert die hier anvisierte Überschreitung des Humanismus nicht mit einer Steigerung, sondern der radikalen Kritik an einer falschen, überhöhten Subjektposition.

Indessen ist solche Kritik nicht auf die gleichzeitige Fundamentalisierung durch eine vorausliegende Seinsgeschichte angewiesen. In anderer Gestalt begegnet sie uns in ‹posthumanistischen› Konzepten, welche den technischen Fortschritt in kulturdiagnostischer Sicht in seinen problematischen, bedrohlichen, regressiven Tendenzen freilegen.

Die Wortbedeutung des Zeitalters ‹nach› dem Humanismus ist in der gängigen Verwendung mit einer Negativdiagnose verknüpft, welche die Leitvorstellungen des Humanismus entweder als etwas schlicht Vergangenes und Abgelegtes, etwas Obsoletes und Überwundenes oder als etwas Hinderliches und Unerwünschtes, ein im Ganzen Negatives, in sich Falsches begreift. Gerade die Postmoderne hat mit der vielfältigen Kritik an der vereinseitigten Rationalität und Einheit der herrschenden Vernunftkultur Aspekte solcher Kritik formuliert, die gleichermaßen das Menschenbild und die Idee des Humanen betreffen. Zwar ist solche Kritik und post-humanistische Selbstverortung kulturgeschichtlich nicht neu, doch tritt sie in der Spätmoderne unter neuen Vorzeichen auf. Sie konfrontiert den Menschen mit Katastrophenszenarien, die nicht einfach Untergangsvisionen heraufrufen, sondern die widersprüchlich-verhängnisvollen Folgen des eigenen Handelns vor Augen führen. Nicht die unhintergehbare Labilität und Hinfälligkeit, sondern die innere Selbstverkehrung des Wollens und Tuns wird zum Ursprung der Not und Brennpunkt der Angst. Eine vergleichbare Negativität wird in fantastischen Projektionen und Science-Fiction-Bildern ausgemalt, doch wird sie vor dem Hintergrund neuerer technologischer Entwicklungen zunehmend als reale Verunsicherung und vitale Bedrohung erlebt. Mit besonderer Dringlichkeit gewinnt sie in zwei Bereichen soziale Resonanz: in der ökologischen Katastrophe mit ihrer Zuspitzung im Klimawandel und in der unabsehbaren Macht der Künstlichen Intelligenz.

Das eine sind die ökologischen Auswirkungen der globalisierten technischen Entwicklung. Ihre Unheimlichkeit liegt in der gleichzeitigen Prognostizierbarkeit und scheinbaren Unabwendbarkeit. Weltweite Konferenzen bemühen sich um Eindämmung der destruktiven klimatischen Auswirkungen, deren dystopisches Telos auf die menschheitliche Selbstauslöschung vorausweist. Die Überlagerung der ökologisch-technischen mit gesellschaftlich-politischen Problemen, die Verschränkung der kategorisch erforderten umweltpolitischen Maßnahmen mit weltweiten ökonomischen Ungleichheiten, aufkommenden autokratischen Regimen[8] und politisch-sozialen Konflikten macht die enorme Schwierigkeit ihrer einvernehmlichen Bewältigung aus.

Das andere Problemfeld erweist sich als gewissermaßen noch unüberschaubarer und bedrohlicher. Seine Virulenz liegt darin, dass sowohl die positiv-lebensförderlichen wie die subversiv-bedrohlichen Potenziale der neuen Technologien ein bisher unbekanntes Ausmaß angenommen haben und in neue, fremde Gebiete vorstoßen. Die Übersteigerung der höchsten geistigen Fähigkeiten durch die Leistung von Apparaten durchbricht Grenzen, die der Humanität unüberwindbar schienen. Selbstlernende Maschinen, die im Verkehr mit Menschen neben ihren rechnerisch-kombinatorischen Kompetenzen auch nichtkognitive Fähigkeiten, Körperbezüge, Empfindungen und Emotionen aktualisieren oder simulieren können, nähern sich der Utopie jener grenzenlosen Vervollkommnung an, von der sich einst geschichtsphilosophische Entwürfe inspirieren ließen. Die Künstliche Intelligenz überwindet die natürliche Formatierung unseres Denkens und öffnet Dimensionen, in denen sich die menschliche Vernunft bislang nicht bewegt hatte. Zur affirmativen Seite dieser Überschreitung gehört die Verflüssigung der Grenze zwischen Mensch und Maschine, die in gewissen Versionen mit dem fließenden Übergang zwischen Tier und Mensch, der Durchlässigkeit von Kunst und Natur einhergeht. Indes ist die unvergleichliche Höherentwicklung in ihrer erlebensmäßigen Konkretion von den negativen Konnotationen des Grenzenlosen und Bedrohlichen nicht abzulösen. So euphorisch jene begrüßt wird, so fundamental sind die durch sie provozierte Angst und Bodenlosigkeit. Worin der Mensch in seiner Schöpfung seine Grenzen überwindet, kann sich zur repressiven Herrschaft über ihn verkehren und zum verschlingenden Abgrund werden. Die Chancen und die Gefahren der KI halten sich die Waage in einer unausgeglichenen Balance, in welcher jede Seite für sich in ungeminderter Absolutheit auftritt. Dabei ist die Gefahr nicht nur durch die Nicht-Beherrschbarkeit des neuen Instruments in den Händen seiner Schöpfer bedingt und auch nicht nur durch die Möglichkeit des Missbrauchs, der Verwendung zur Manipulation und systematischen Täuschung. Fundamentaler noch ist die Gefährdung durch die Infragestellung des Subjekts selbst, durch seine Zersetzung und Marginalisierung, die Verunsicherung seiner Identität, das Labilwerden seiner unverzichtbaren Stellung. Der Zwiespalt im Umgang mit KI widerspiegelt und vertieft die Ambivalenz, die dem Fortschritt in der technischen Innovation und industriellen Revolution für frühere Generationen anhaftete. Doch ist die Verunsicherung, welche das Verschwimmen der Grenzen des Möglichen in der Künstlichen Intelligenz hervorruft, von einer neuen, anderen Qualität gegenüber den von Jacob Burckhardt notierten Erschütterungen durch die Geschwindigkeit der Eisenbahn oder der in sozialen Aufständen bekämpften Substitution der manuellen Arbeit durch die Maschine. Im Spiel ist eine neuartige, in ihrem Wirkungsraum noch nicht vermessene Selbstermächtigung, die intrinsisch mit einer ebenso originären, selbstdestruktiven Entmächtigung verschränkt ist. In ihrem Licht offenbart sich eine Fragilität des Humanen, deuten sich Spuren eines Zu-Ende-Gehens des Zeitalters des Menschen an.

Der Negativitätsindex solcher Perspektiven nötigt die Frage auf, wieweit diese eindeutig und alternativlos sind. Es ist die im öffentlichen Diskurs kontrovers debattierte Frage, wie mit der radikalen Neuerung umzugehen sei, ob eher auf die positiven, produktiven und emanzipatorischen Effekte der Künstlichen Intelligenz zu setzen oder deren destruktive und regressive Kräfte herauszustellen seien. Der Blick auf die zwiespältigen Tendenzen der technologischen Innovationen fordert dazu auf, genauer zu bestimmen, worin deren zukunftsweisenden Potenziale, aber ebenso die ihnen innewohnenden Gefährdungen und ihnen anhängenden Momente des Unheimlichen bestehen. Science-Fiction spielt mit der schwankenden Ambivalenz der Zukunftsvisionen, die für eine philosophische Reflexion nicht das letzte Wort sein kann. Auch wenn sich diese nicht auf die eine oder andere Seite festlegen kann, sondern den immanenten Zwiespalt des unabsehbar Anderen der Zukunft ernst nehmen muss, geht es darum, deren unterschiedliche Momente möglichst klar zu erfassen und auseinanderzuhalten. Aufzuhellen ist, worin zum einen das affirmative Potenzial der radikalen Neuerung in seiner kognitiven und praktischen Macht besteht und wodurch sich die Leistungen der fortgeschrittenen Technik von den genuin menschlichen Vollzügen des Denkens und Handelns unterscheiden. Zu verdeutlichen ist zum anderen, worin die fundamentale Verunsicherung angesichts der neuen Entwicklungen gründet, was deren bedrohliche Tendenz ausmacht und inwiefern sie mit einer Krise subjektiver Herrschaft, gegebenenfalls einer Transgression des Humanen einhergehen. Gleichzeitig aber haben wir uns darüber zu verständigen, was in diesem Wandel womöglich zu Unrecht preisgegeben wird, was in der Sache nicht zurückgedrängt werden darf, vielleicht gar nicht negiert werden kann. Im Fluchtpunkt der Reflexion steht im Ganzen die Frage nach der Unverzichtbarkeit des Subjekts. Nicht allein das Ende des Menschen, auch das unvertretbare Selbst gehört zu den Herausforderungen der Zeit.

Der umrissene Problembereich wird in den folgenden Ausführungen, deren Hauptaugenmerk der existenzphilosophischen Frage, nicht der technologischen Entwicklung gilt, zu welcher eine reiche Literatur vorliegt, in drei Schritten entfaltet. Im ersten geht es darum, die Prognose vom Ende des Menschen in ihren vielfältigen Facetten und ihrer grundlegenden Zwiefältigkeit auszubreiten: als Ausblick sowohl auf die finale Steigerung und Selbsttranszendierung wie auf die Krise und drohende Auslöschung des Subjekts (Teil 1). Als zweites soll die Dimension der Subjektivität in ihrer strukturellen Unhintergehbarkeit und existenziellen Fundamentalität systematisch erkundet werden (Teil 2). Vor diesem zweifachen Hintergrund geht es abschließend darum, sich über die Bedingungen des Menschseins im Zeitalter der Künstlichen Intelligenz zu verständigen (Teil 3).

Teil 1: Vom zwiespältigen Ende des Menschen

Die vielstimmige Ankündigung des Endes

Vielstimmig ist in den vergangenen Jahrzehnten das Ende des Menschen verkündet worden. Von den einen ist es als bevorstehendes Ende angekündigt, von anderen als längst, vielleicht unbemerkt, eingetretenes festgestellt worden. In beiden Versionen eignet der Ansage ein irritierender, provozierender Charakter. Was als Wesenskern der Existenz und Mittelpunkt der Schöpfung, im Besonderen als profiliertes Kennzeichen der modernen Zeit galt, findet sich ernsthaft infrage gestellt. Dass es in allem um den Menschen gehe, dass wir alles aus seinem Blickwinkel zu betrachten haben, dass der Mensch nach dem alten Wort des Protagoras das «Maß aller Dinge»[9] sei – solche Leitideen, die weithin als selbstverständlich galten, sind brüchig geworden. Tief greift der Zweifel an der Macht des Menschen, daran, dass er alles nach Beschluss und Gutdünken zu lenken vermag. Unter vielfältigen Perspektiven kommen Schwächen und Gefährdungen der humanen Existenz in den Blick.

Unübersehbar sind die Grenzen der menschlichen Souveränität im Umgang mit der Natur, in den Lücken und Dysfunktionen des technischen Handelns, aber ebenso in der Selbstregulierung der Gesellschaft und der politischen Bewältigung von Konflikten und Ungleichheiten. Was in alten und neuen Sozialutopien als leuchtende Zukunft projiziert wurde, wird von menschheitlichem Elend und zivilisatorischen Katastrophen Lügen gestraft, in Untergangsvisionen mit Gegenbildern konfrontiert. Als ebenso fragil erweist sich im individuellen Lebensraum die Selbstmächtigkeit der Existenz, der reflektierte Umgang mit eigenen Wünschen und Bedürfnissen und die Selbstaufklärung über sein Tun und Wollen. Der Mensch ist im Selbstverhältnis nicht das rationale, sich erkennende und souverän über sich verfügende Wesen, als welches ihn die Aufklärung dachte. Widerrufen wird zudem der herausgehobene Rang, der in klassischen Weltbildern dem Menschen unter den Geschöpfen und in der Ordnung der Dinge zugewiesen wurde. Neuere Erkenntnisse über die Fähigkeiten und Lebensformen von Tieren bieten vielfältige Argumente, die evolutionäre Folge der Lebewesen als fließenden Übergang aufzufassen und zwischen tierischen und humanen Verhaltensweisen graduelle Unterschiede, nicht qualitative Sprünge und wesensmäßige Differenzen anzusetzen. Weder die unsterbliche Seele noch Moral, Verstand und Vernunft schaffen eine absolute Kluft zwischen dem Menschen und den anderen beseelten Wesen. Weiter ausgreifend, wird er als Teil des Naturreichs insgesamt wahrgenommen und in die Prozessualität und Ordnung des Natürlichen integriert, nicht primär als dessen Anderes und Gegenprinzip gesetzt.

Unter all diesen Hinsichten verliert der Mensch etwas von der Eminenz und Einzigartigkeit, die ihn in traditionellen und metaphysischen Konzepten auszeichnete. Dabei geht es nicht allein um die Bestreitung der Allmacht und Priorität unter den Kreaturen, der Sonderstellung des Menschen als Gegenspieler der Götter und Beherrscher der Natur. Ebenso geht es nicht nur um die Brüchigkeit der Identität des Individuums und, nach Freuds Wort, die labile Herrschaft des bewussten Ich «in seinem eigenen Haus».[10] Allgemeiner und prinzipieller steht die Zentralstellung des Subjekts im Selbst- und Weltbild infrage. Zur Diskussion steht die Berechtigung und Notwendigkeit, alles vom Standpunkt des Subjekts aus zu sehen, zu verstehen und zu bewerten. Infrage steht die Legitimität des «Prinzips der modernen Zeit», das nach Hegel «das allgemeine Prinzip der Philosophie für alle folgenden Zeiten» prägt, auch wenn es mit der Wende zur Moderne nur abstrakt gesetzt und erst «später vollständig ausgeführt» wird: des Prinzips der Subjektivität.[11] Es geht um den transzendentalphilosophischen Standpunkt, dem gemäß alle Gegebenheiten der Erfahrung in ihrem Verhältnis zum – wahrnehmenden, denkenden, fühlenden, handelnden, situierten – Subjekt, in ihrem Sein *für* das Subjekt, ihrem Für-mich-Sein zu erfassen sind. Der Mensch wird darin, wie bei Protagoras postuliert, zum Referenzpunkt allen Seins und aller Geltung. Die Subjektbezogenheit der Phänomene ist das Pendant einer Selbstzentrierung des Menschen im Ganzen seines Wirklichkeitsverhältnisses. Dass diese Position infrage gestellt, ihr Ende verkündet wird, rückt das Problem in die zeitlich-historische Perspektive: in die Endphase einer Entwicklung, die zunächst ganz im Zeichen des Fortgangs und der Höherentwicklung stand. Wieweit hier in der Tat von einer Umkehr, von einem Tod des Autors und Ende des Subjekts, ja, von einem Jenseits des Menschen zu sprechen ist, wird genauer zu prüfen sein. Zunächst steht die Sichtung im Horizont der genannten Diagnose Foucaults, der die Genealogie der Moderne in die offene Perspektive eines möglichen Rückgangs, einer Zersetzung der universalen Subjektbezogenheit, ‹vielleicht des baldigen Endes› des Menschen einschreibt. Darin begegnet die Frage nach der Ersetzbarkeit des Menschen in ihrer Dringlichkeit.

Vorab indes ist die kritische Reflexion nicht von einer Verständigung über den grundlegenden Zwiespalt der Diagnose abzulösen. Dieser betrifft die retrospektive ebenso sehr wie die prognostische Sicht. Es ist nicht einfach so, dass sich eine manifeste Krise in ein Untergangsszenario hinein weiterzeichnet. Schon die These einer Krisenhaftigkeit widerstreitet der progressiv-affirmativen Lesart, die das Selbstverständnis der modernen Zeit nicht nur im Geiste ihrer Enthusiasten bestimmt. Bei aller Ambivalenz sind die produktiven, voranbringenden Potenziale des technischen Fortschritts wie der zivilisatorischen Erleichterungen und der Rechtsentwicklung im globalen, menschheitlichen Maßstab nicht zu leugnen. Trotz aller Kriege und Krisen ist unstrittig, dass das Zusammenleben der Völker nach der Erklärung der Menschenrechte und der Einrichtung internationaler Gerichtshöfe ein anderes, gleichsam höheres ist als vor diesen Entwicklungen. Das progressiv-bejahende Bewusstsein des Fortschritts und der Wille zur Zukunft werden durch die unleugbaren Rückschläge und Schwierigkeiten nicht einfach widerrufen und als Leitideen widerlegt. Ihre regulative Kraft für die Lebensführung der Individuen und das Schicksal der Gattung behauptet sich im spannungsvollen Gegenspiel zur widerstrebenden Realität.

Dieser Gegensatz, der die menschliche Lebenswelt im Ganzen durchzieht, nimmt eine besondere, prägnante Gestalt an, wo er die Frage nach dem Selbst betrifft. Er entwickelt sich in der Fluchtlinie entgegengesetzter Utopien, in der affirmativen Vision fortschreitender Perfektionierung und Verwirklichung auf der einen Seite, der dystopischen Linie zunehmender Verkümmerung und Auflösung auf der anderen. Die Rede vom Ende des Menschen spaltet sich entlang der Zweifachbedeutung des Telos als Vollendung und Zu-Ende-Gehen, eigentümlich verschränkt in Figuren des Jenseits, des Hinausgehens und der Selbsttranszendenz in eine Zeit nach dem Ende, im Ausblick auf ein post-humanes Sein «nach dem Subjekt».[12] Um die Verlust- und Zerstörungsbilanz des schwindenden Subjekts zu ermessen, ist es geboten, das konträre Bild dessen zu vergegenwärtigen, worin die Steigerung und Überhöhung des Menschen stattfindet. Der bei aller angeblichen Neutralität unheilvoll-düstere Ton der Rede vom Ende versteht sich vor dem impliziten Hintergrund einer Apotheose des Subjekts. Beide Stoßrichtungen sind für sich aufzuhellen, um von der Lage des Menschen Rechenschaft abzulegen.

Steigerung und Selbsttranszendierung des Menschen

«Ungeheuer ist viel. Doch nichts ist ungeheurer als der Mensch.»[13] Mit diesen Versen beginnt das 443 v. Chr. uraufgeführte Chorlied aus Sophokles' *Antigone*, *das* Preislied auf die Größe des Menschen. Es kündet von der unermesslichen, unheimlichen Macht des Menschen, der die Stürme bezwingt und die Erde beherrscht, mit «List und Kunst» die wilden Tiere besiegt, für Krankheiten Abhilfe findet, mit Klugheit und «Kunst ohne Maßen» heute Schlimmes, morgen Edles bewirkt und mit Vernunft die Staaten ordnet.[14] Es ist eine Macht, die den Menschen in singulärer Weise auszeichnet und ihn über die anderen Lebewesen erhebt. Die Rede vom Ungeheuren/Unheimlichen (*deinon*, gewaltig, schreckenerregend, geschickt) lässt etwas vom zweifachen Charakter anklingen, der sich in der Ambivalenz der menschlichen Vermögen niederschlägt, der aber hier vorrangig in seinem positiven Wert zur Sprache kommt. Dem menschlichen Sein wohnt ein außerordentliches, eminentes Potenzial inne, das seine Lebensform ausmacht und über die Schwächen der sterblichen Natur erhebt. Es umfasst Vermögen vielfältiger Art, theoretische und praktische Fähigkeiten, deren Spitze nicht in der physischen Kraft und körperlichen Schnelligkeit, welche der Mensch mit den Tieren teilt, sondern in den ihn spezifisch auszeichnenden intellektuellen Fähigkeiten und moralischen Dispositionen, in Verstand und Vernunft, Besonnenheit und Gerechtigkeit liegt. Ihnen gilt das hohe Lob des Menschen. Es ist ein Lob, das sein Echo zwei Jahrtausende später im Fortschrittsenthusiasmus der Aufklärung findet. «Welch ein Licht strahlt von allen Seiten! Welche Vollkommenheit der menschlichen Vernunft» ruft Anne Robert Jacques Turgot in seinem Entwurf einer Universalgeschichte (1751) aus, und Antoine Marquis de Condorcet bekräftigt in seiner «Darstellung der Fortschritte des menschlichen Geistes» (1794) die Gewissheit, auch den künftigen Gang der Menschheit auf dem Weg von «Wahrheit, Glück und Tugend» vorhersehen zu können.[15]

Es ist bezeichnend, dass die gepriesenen theoretischen und praktischen Tugenden auch dem zugrunde liegen, was den zweifachen Bezugspunkt der Rede vom Ende des Menschen bildet. Zumal trifft dies für die intellektuellen Leistungen zu, welche die Spitze der Subjekt-Funktion, des Für-den-Menschen-Seins der Dinge ausmachen und die in herausgehobener Weise der Transformation, Steigerung und (Selbst-)Übersteigung unterliegen. Der Schritt zum Trans-Humanen beinhaltet das Ganze der menschlichen Seins- und Wirkungssphären, hat aber einen unstrittigen Kern in den kognitiv-diskursiven Potenzen, die den Gradmesser des Fortschritts und die Spitze der Entwicklung bilden. Es sind Potenzen, in denen der Mensch zuletzt über sich hinauswachsen, ein Erzeugnis höherer Mächtigkeit, eine ihn übertreffende – und zuletzt womöglich überwindende, ersetzende – Macht hervorzubringen vermag. Es ist dies der genuine Ort der Künstlichen Intelligenz, der äußersten, gewissermaßen radikalsten Ablösung der Natur durch die Kunst. Um der Spur der menschlichen Schöpferkraft in diesem Bereich nachzugehen (siehe «Künstliche Intelligenz», S. 45), haben wir vorab zwei konzeptuelle Ausweitungen in den Blick zu nehmen, die ihre Rahmenbedingungen betreffen. Die eine betrifft das Verhältnis von Mensch und Maschine (siehe «Mensch und Maschine», S. 28), die andere den Wandel vom qualitativ-sinnlichen zum digitalen Wirklichkeitsbezug (siehe «Digitalisierung», S. 36).

Das eine ist die schon ältere Figur der Hervorbringung einer Macht, die den Menschen in seiner Tätigkeit unterstützen kann. Es ist ein gewissermaßen reflexives, in sich verdoppeltes Tun, das ein selber tätiges, idealiter schöpferisches Produkt erzeugt und in seiner Wirkungsweise reguliert. Nicht das Bauen eines Hauses oder Gestalten einer Skulptur, sondern das Schaffen von Instrumenten und Erfinden von Maschinen steht im Fokus solchen Tuns. Im Zentrum steht die Entlastung von der Mühsal der Arbeit, die indirekte Steigerung der eigenen Vermögen in der Übertragung der Kraft und Erfindungsgabe an das Geschöpf, das der Mensch hervorbringt. Solche Schöpfung setzt voraus, dass der hergestellte Gegenstand bestimmte subjekt-analoge, einem Lebewesen verwandte Züge annimmt, kraft deren er Leistungen vollbringt, die das menschliche Tun nachahmen, ergänzen oder kompensieren können. Im Maße ihrer Perfektionierung erscheint die Maschine wie ein künstlicher Organismus, dessen Vollzugsform sich dem Leben und subjektiven Tun annähert. Im Fluchtpunkt solcher Transformation zeigen sich die Gestalten der selbstlernenden Maschine und des kreativen, Neues hervorbringenden Mechanismus. Es ist die Utopie eines Zusammenwachsens von Natur und Kunst in der wechselseitigen Durchdringung von Mensch und Maschine, als Roboter und Cyborg. Was in Hobbes' Bestimmung des Staats als eines «künstlichen Menschen»[16] ein begriffliches Konstrukt war, ist in der Technologie der Gegenwart zum dinghaft realen Gebilde geworden, dessen Seinsart begrifflich aufzuhellen ist.

Die andere Konstellation, die neben der Maschine den Rahmen der Künstlichen Intelligenz bildet, ist die Digitalität. Sie steht für das Medium, in welchem die originären Leistungen der Künstlichen Intelligenz und allgemeiner eines Großteils der Verbindungen und Operationen stattfinden, die unser Wirklichkeitsverhältnis in der fortgeschrittenen technologischen Welt ausmachen. Die Wende zur Digitalität geht mit einer grundlegenden, wenn auch im Alltag weithin unthematisierten Änderung unseres Denkens und Weltverständnisses einher. Der Paradigmenwechsel beinhaltet neben der Zurückdrängung von Sprache und Schrift als medialer Basis die Ablösung von der sinnesbezogenen Wahrnehmung und qualitativen Phänomenbeschreibung durch quantifizierbare Daten, analog zu einer der frühesten Konzeptualisierungen des Seinsdenkens im Pythagorismus, für den die Zahl das Prinzip aller Dinge bildet.[17] Es bleibt zu verdeutlichen, worin die digitale Codierung besteht und in welcher Weise sie die Wissenschaften ebenso wie das herrschende Weltverständnis verwandelt.

Mensch und Maschine

Im hohen Zeitalter der Aufklärung erschien anomym die Schrift *L'homme machine* (1748) des französischen Arztes und Philosophen Julien Offray de La Mettrie. Die provokative Zusammenführung von Mensch und Maschine im Titel stützt sich auf eine zweifache Basis ab: auf die These von der Wesensverwandtschaft und graduellen Kontinuität zwischen der Lebensform der Tiere und jener des Menschen sowie auf die radikalere Engführung zwischen Tier und Maschine, der René Descartes durch die pointierte These, Tiere seien mit Automaten nach Art der Uhren vergleichbar, Vorschub geleistet hatte.[18] Descartes' materialistisch-mechanistische Naturauffassung bildet die Basis des von seinen Nachfolgern explizit formulierten Konzepts der *bêtes-machines*. Im Ganzen erscheint die bis in Gegenwartsfantasien verlängerbare Konvergenz als Mündungspunkt gegenläufiger Bewegungen: einer reduktionistischen Auffassung der natürlichen Prozessualität, die deren Dynamik in das Bild einer kunstvoll konstruierten Maschine einzeichnet, und einer aufwertend-potenzierenden Lesart der Maschine, die diese mit Grundzügen des selbsttätig-selbstbezüglichen Lebens bis hin zur bewussten Selbststeuerung ausstattet. In abgründig-unheimlichen Visionen begegnet die Maschine heute als allwissend-allmächtiges Subjekt, wie umgekehrt im 17. Jahrhundert der lebendige Körper als vollkommenste Maschine, die, als «von Gott geschaffene, unvergleichlich besser geordnet ist und bewundernswertere Bewegungen vollzieht als irgendeine vom Menschen erfundene».[19] Die technologische Entwicklung wird nach dem Credo begeisterter Befürworter dazu führen, Computern jenseits ihrer exorbitanten Rechenkapazität zunehmend persönliche, menschliche Züge zu verleihen. Sie werden, so prognostizierte Ray Kurzweil schon am Ende des vorigen Jahrhunderts, «Emotionen zeigen», «Ziele und Wünsche formulieren», einen «freien Willen haben» und «spirituelle Erfahrungen für sich reklamieren» – und die Menschen «werden ihnen glauben».[20]

Die Verschmelzung zwischen natürlicher und maschineller Intelligenz, die der fortschrittsenthusiastische Futurologe so entschieden vorhersagt, erweckt bei anderen nicht nur Befremden und Angst. Bei vielen trifft die Prognose zunächst auf Unverständnis und Unglauben. So zeichnet auch der mit Science-Fiction spielende Roman von Ian McEwan *Maschinen wie ich*[21] ein Bild des quasi-menschlichen, bis ins Emotionale hineinreichenden Verkehrs zwischen Menschen und Computern beziehungsweise Robotern, das aber zugleich durch das Bewusstsein der Andersartigkeit und Fremdheit gebrochen ist. Begrifflich klärungsbedürftig im Verhältnis zwischen Mensch und Maschine ist zunächst, worin die manifeste Nähe und die unstrittige Überlegenheit der Maschinen gegenüber der menschlichen Leistung in Wahrheit bestehen. Hier sind Differenzierungen in der Qualität und Graduierung nötig, um das Verhältnis zwischen ihnen angemessen zu fassen.

Ausgangspunkt ist die Dimension, in welcher Leistungen von Menschen und Maschinen unkontrovers vergleichbar, idealiter identisch sind und menschliche Vermögen oft durch das Können von Maschinen eingeholt, ja, um ein Vielfaches übertroffen werden. Dabei stehen in unserem Zusammenhang nicht körperlich-physische Akte im Vordergrund, wie die mechanischen Bewegungen, die in der industriellen Revolution die Arbeitskraft von Menschen gesteigert und zum Teil verdrängt haben. Anlass des Staunens, je nachdem der Irritation sind Vollzüge, die den mentalen und intellektuellen Operationen nachgebildet sind und in komplexen Prozeduren so etwas wie ein Akt- oder Subjektzentrum zu beinhalten scheinen. Einfaches Modell sind maschinelle Rechenoperationen, die fehlerfreier und schneller, in der Komplexitätsbeherrschung ungleich mächtiger als mentale Verfahren sind. Im Weiteren sind über Sprache vermittelte Algorithmen zu nennen, welche sinnförmig-diskursive Kombinationen, Argumentationen und Ableitungen ermöglichen, die ihrerseits in ein Verhältnis zu spontanen Intuitionen und Schlüssen, sie bestätigend, ergänzend oder widerlegend, treten können. Solange der Fokus auf den Output bzw. das Resultat solcher Vollzüge gerichtet ist, besteht oft kein Grund, zwischen menschlichen und maschinellen Operationen eine prinzipielle Differenz zu statuieren, auch wenn ein Unbehagen bei automatisierten Aktienkäufen und Einstellungsverfahren, erst recht bei militärischen Entscheidungen oder psychologischen Beurteilungen verbleibt. Das Unbehagen kann nicht als genereller Grund für die Absage an solche Techniken dienen, sondern muss mit dem Bewusstsein der weithin normalen, oft scheinbar unausweichlichen Übertragung geistiger an externalisierte Prozesse vermittelt werden. Ein sprechendes Beispiel ist der automatisierte Fahrverkehr, der in einfachen Fällen problemlos ist, in komplexeren Situationen moralisch sensible Entscheidungen – wessen Schaden (Kinder, Alte, Einzelpersonen, Gruppen) in einer Gefahrensituation eher in Kauf genommen werden darf – an vorgegebene Algorithmen überträgt.[22]

Die Ambivalenz, die im Kontext der Künstlichen Intelligenz zu vertiefen ist, tangiert nicht nur intellektuelle und moralische Sachverhalte, sondern kommt gleichermaßen und oft unmittelbarer in technischen, sozialen und ökonomischen Zusammenhängen zum Tragen. Sie haftet scheinbar zwangsläufigen Entwicklungen an, die einen Knotenpunkt der Gesellschafts- und Zivilisationskritik bilden, menschlichen Hervorbringungen, die sich vom Willen des Menschen ablösen und sich gegen ihn wenden. Exemplarisch sind Prozesse der technischen Naturbeherrschung oder des ökonomischen Wachstums, die ihre Eigendynamik entfalten und sich der Herrschaft der Menschen entziehen, teils dysfunktionale Effekte erzeugen und Problemlagen verstärken. In marxistischer Tradition ist solche Verselbstständigung als Kern der Entfremdung beschrieben worden, womit auch der Hebel der Korrektur angezeigt ist: Überwunden wird die Entfremdung durch die Wiederaneignung dessen, was sich von seinem Ursprung abgelöst und gegen ihn gewendet hat, in der Wiedergewinnung von Souveränität über das eigene Handeln und dessen Folgen. Die handlungstheoretische Verkehrung, welche die Teleologie des Tuns unterminiert, soll in einer gegenläufigen Umkehrung aufgehoben werden. Es liegt auf der Hand, dass solche Umwendung nicht problemlos durchzuführen ist. Sie kann aus theoretischen und praktischen Gründen scheitern: dadurch, dass unklar ist, wie die falsche Eigenteleologie des Derivats rückgängig zu machen oder zu korrigieren ist, und dadurch, dass sie eine autonome Macht und Starrheit angenommen hat, deren man nicht ohne Weiteres Herr wird. Das Wirtschaftssystem folgt seiner Eigenlogik und entfaltet seine Herrschaft, die technische Entwicklung setzt ihren Weg fort und steigert sich nach intrinsischen Effizienzkriterien.

Indessen ist es wichtig, ob der Gefahren und destruktiven Tendenzen verselbstständigter Abläufe die produktiven Potenziale des expandierend-transzendierenden Fortschritts nicht zu verkennen. Etwas vom ursprünglichen Staunen über die Macht menschlichen Wirkens bleibt trotz der Bedenken angesichts der zwiespältigen Folgen zivilisatorischer Errungenschaften erhalten. Angefangen von der entlastenden Unterstützung durch Maschinen bis hin zur utopischen Konstruktion von Androiden eignet menschlichen Kreationen eine vielfältige Überzeugungskraft. Zur Faszination trägt die strukturelle Verwandtschaft, teils seinsmäßige Gemeinsamkeit zwischen künstlichen und natürlichen Phänomenen bei. In formalster Weise sind es Rechenvorgänge, die von Computern nach der Logik mentaler Operationen vollzogen werden; analog finden maschinelle Verrichtungen in einer Produktionskette (anschrauben, anheben) nach dem Vorbild manueller Tätigkeit statt. Davon unterscheiden sich andere Vollzüge, die ähnliche Wirkungen wie subjektive Beschlüsse und Handlungen hervorbringen, ohne jedoch auf intentional nachvollziehbare Anweisungen, Folgerungen und Ausführungen zurückzugreifen. In welcher Weise ein Mähroboter seinen Weg findet, müssen wir ihm (und den Konstrukteuren) überlassen und können ihn bei Fehloperationen nicht durch Instruktionen und Argumente berichtigen. Sein Funktionsmechanismus bleibt dem intuitiven Verständnis verborgen. Allerdings schließt dies nicht aus, dass wir in anderer Hinsicht sein Manövrieren ‹verstehen› und es irgendwie menschlichen Handlungsvollzügen assimilieren, in gegebenen Fällen über seine Geschicklichkeit in ähnlicher Weise staunen, wie wir menschliche Leistungen bewundern.

Diese assimilatorisch-empathische Wahrnehmung, die sich in vielen Fällen spontan einstellt, ist dadurch bedingt, dass wir eine Operation in Fokussierung auf ihre Funktion und Leistung erfassen, das heißt in einer abstrakten Betrachtung aus der Außenperspektive, die allein auf das achtet, wozu ein Vollzug dient und worin sein Resultat besteht, und von dem absieht, was im ‹Inneren› geschieht – das uns oft auch in menschlichen Handlungsvollzügen und Gefühlsreaktionen nicht ohne Weiteres erschließbar ist. Dies ist die Perspektive, in der wir die Arbeit des Mähroboters mit der eines Gärtnergehilfen vergleichen und sie gegebenenfalls gegeneinander abwägen, durcheinander ersetzen können. Im Spiel ist die aus sozialen Konflikten bekannte Substituierbarkeit, wenn sich Maschinenstürmer gegen die Folgen der industriellen Revolution zur Wehr setzten, in einer Konfrontation, die im heutigen Unbehagen von Redaktoren und Übersetzerinnen angesichts der Fortschritte Künstlicher Intelligenz in verwandter Weise anklingt. Die Betrachtungsperspektive, die solche Vergleichbarkeit trägt, ist in epistemologischer wie ontologischer Hinsicht reduktionistisch und berücksichtigt nur eine bestimmte Seite oder Schicht der Phänomene. Dennoch ist sie fraglos realitätshaltig, kognitiv aufschlussreich und nicht umsonst wirkungsreich in der sozialen Wahrnehmung. Maschinen erscheinen wie Menschen, gebärden sich wie Subjekte, werden wie schöpferische Lebewesen wahrgenommen, bewundert und gefürchtet. Das Staunen ob der nach Sophokles «unheimlichen» Macht des Menschen wird durch das Bewusstsein des Reduktionismus nicht notwendig gemindert, auch nicht durch den Hinweis auf die implizite Gegenfolie des reduktiven Menschenbildes der *bêtes-machines* ausgehöhlt. Die Bejahung der Schöpfungskraft des Menschen mit dem Ausblick auf eine ideale Konvergenz von Natur und Kunst bleibt ein tragendes Element in der Selbstvergewisserung der Zivilisation. Der technologische Wandel ist zunächst, noch bevor sein Unheimliches ins Negative, Ängstigende umschlägt, mit dem Optimismus der Aufklärung und des Vorankommens liiert. Der Fortschritt wird ursprünglich gefeiert. Die Verwandtschaft mit der göttlichen Schöpferkraft rückt das menschliche Hervorbringen in ein höheres Licht.

Sie findet sich kristallisiert in den Mischfiguren der Androide und Mensch-Maschinen-Hybride. Sie sind durch eine fundamentale Ambivalenz gekennzeichnet, in welcher sie einerseits menschliche, auch persönlich-emotionale Züge annehmen und Affekte simulieren, andererseits in ihrer Herkunft wie ihrer Macht beunruhigend wirken und nicht nur menschliches Tun verstärkend unterstützen, sondern zugleich Fremdheit provozieren, Angst auslösen. Sie schmiegen sich an menschliches Erleben und Verhalten ebenso an wie sie sich von ihm ablösen und sich ihm entgegenstellen. Sie transzendieren das menschliche Vermögen wie sie hinter ihm zurückbleiben. Ihr futuristisch projiziertes Bild lässt ungeklärt, ob sie «ein Übermensch oder ein armer Wicht» sein werden.[23] Die affirmative Vision einer «postbiologischen Zukunft»[24], in der eine grundlegend verwandelte conditio humana den Raum technologischer Substitutionen öffnet, lässt menschliche mit maschineller Intelligenz verschmelzen und entwirft Modelle des Transfers zwischen Gehirn und digitalen Speichermedien, des Mind-Uploading auf Computern und künstlichen Nachbaus bewusster Selbstmodelle.[25]

Allerdings verbleibt bei aller Annäherung die Kluft, die im intuitiven Verständnis das subjektive Bewusstsein von der maschinellen Datenverarbeitung scheidet. Vorausgreifend lassen sich drei in späterem Zusammenhang zu vertiefende Distinktionsmerkmale nennen, welche die Grenze zwischen den Sphären markieren: die Sinnhaftigkeit, die Reflexivität und die Situiertheit des bewussten Wirklichkeitsverhältnisses.

Das eine ist die Sinn- und Verstehensdimension, über die nur der bewusste bzw. selbstbewusste Umgang mit den Dingen und mit sich selbst verfügt. Keine denkende Maschine, kein Übersetzungscomputer, keine Künstliche Intelligenz versteht den Sinn der Sätze, mit denen sie operieren, auch dann, wenn sie ihrerseits Texte und Sprachgebilde hervorbringen, die für Menschen verständlich sind. Die Maschine hat kein Verständnis ihres Gegenstandes und ihres eigenen Tuns, sie macht sich kein Bild von dem, was in ihren Prozessen auf dem Spiel steht, und sie erklärt weder sich noch anderen, wie sie zu ihren Entscheidungen kommt und ihre Operationen strukturiert.[26] Die Schwelle ist Anlass für das Bemühen, begrifflich genauer zu fassen, worin der im genuinen Sinn verstehende Umgang mit Äußerungen und Erlebnissen, mit Handlungen und Geschichten besteht. Das zweite Merkmal ist die radikale Selbstbezüglichkeit bewusster Verhältnisse: die Tatsache, dass Erscheinungen, Empfindungen, Gegenstände in spezifischer Weise *für mich* sind, *mir gegeben* sind, dass *ich* sie wahrnehme oder denke. Der Schachcomputer geht mit objektiven Figurenkonstellationen auf dem Brett nach bestimmten Regeln um, der Mähroboter mit dem zu durchquerenden Raum und zu bearbeitenden Material, ohne dass all dies, was *in* der Maschine in gewisser Weise präsent und wirksam ist, *für* die Maschine gegenwärtig, *von* ihr in bestimmter Weise aufgefasst wird. Noch weniger erfüllt ihr Operieren für sie selbst einen bestimmten Zweck und verschafft ihr Befriedigung oder Unbehagen. Schließlich ist der bewusste Weltbezug in zweifacher Weise situiert: sofern die erfassten Daten ihren Ort in einer Umgebung haben und Teil einer Welt sind, zu welcher das Subjekt gehört, und sofern dieses seinerseits in einem Kontext situiert ist, in dessen Raum es mit den Dingen interagiert. Demgegenüber sind die Bezüge zwischen Daten, Speicher und Prozessen rein objektive Relationen, die nicht einen bestimmten Ort haben und zwischen innen und außen, fern und nah keine qualitativen Unterschiede machen.

Nach diesen drei Hinsichten scheint klar, dass maschinelle Verhältnisse die lebensweltlichen Bezüge allenfalls ergänzen, nicht ersetzen oder ablösen können. Es bleibt im Folgenden genauer herauszuarbeiten, was den Kern dieser Distinktionen, die in der (Un-)Ersetzbarkeit des Subjekts zur Diskussion stehen, ausmacht, und ebenso, worin die gleichzeitig erfahrene Verwandtschaft, in vielem sich aufdrängende Nähe bestehen kann. Bevor diesem zweifachen Verhältnis im Kontext der potenzierten Maschinennatur der Künstlichen Intelligenz genauer nachzugehen ist, soll ein Wesenszug der technologisch transformierten Welt, die Digitalität, deutlicher herausgestellt werden.

Digitalisierung

Das allgegenwärtige Schlagwort des Digitalen, so betont Jörg Noller, stellt keine «kurzlebige Modeerscheinung» dar, sondern steht für eine grundlegende Transformation des menschlichen In-der-Welt-Seins und repräsentiert geradezu ein «neues philosophisches Paradigma».[27] Sie hat ihren Kern in der sogenannten Digitalisierung, der Verwandlung ‹analoger›, physisch gegebener und sinnlich rezipierbarer Informationen in ‹digitale›, symboldefinierte Formate, in denen sie leichter gespeichert, effizienter verarbeitet und übermittelt werden können. In ihr liegt, so betont auch Bernhard Waldenfels, mehr als das Aufkommen eines neuen Kommunikationsmediums. Sie beinhaltet eine fundamentale Veränderung unseres Seinsverhältnisses, in der sich ein Aspekt der von Edmund Husserl diagnostizierten Lebensweltvergessenheit manifestiert, des Verlusts jener konkreten, leiblich-sinnhaften Existenzschicht, in welcher unser theoretisches wie affektiv-praktisches Verhalten originär wurzelt.[28] Sie erschöpft sich nicht in einer neuen, radikalisierten Form des technisch-instrumentellen Umgangs, sondern steht für eine globale Transformation durch die neuartigen Informations- und Kommunikationstechnologien, durch welche sich das menschliche Wirklichkeitsverhältnis seinsmäßig verändert.[29] Digitalität wird wie zu einer zweiten beziehungsweise, mit Bezug auf die schon vielfältige kulturelle und technologische Vermittlung, dritten Natur des Menschen. Im Gegensatz zur lebensweltlichen Unmittelbarkeit ist das digital mediatisierte Weltverhältnis, fern vom sinnlich-qualitativen Kontakt, über Daten, Zeichen und Zahlen vermittelt, die in entsprechenden Apparaten und Prozeduren gelesen, kombiniert und verarbeitet werden und im gegebenen Fall in Gebilden resultieren, die wiederum durch normale menschliche Wahrnehmung erfasst und verstanden werden.

Grundsätzlich können wir die Frage nach der Digitalisierung in zweifacher Weise, mit einem doppelten Fokus stellen. Zu fragen ist zum einen nach der grundlegenden Neuerung und dem zivilisatorischen Wandel, die sich mit der – historisch jungen – Erfindung des Digitalen in der Kulturgeschichte der Menschheit verbinden. Zu verdeutlichen ist zum anderen die strukturelle Differenz, die zwischen der ‹natürlichen›, vordigitalen und der digital vermittelten Lebensform des Menschen besteht.

So unvermerkt das Digitale inzwischen in weite Bereiche der Lebenswelt eingedrungen ist, so unauffällig kann im Nachhinein seine Genese und Etablierung erscheinen. Mit Nachdruck hat Maurizio Ferraris den fundamentalen Wechsel herausgestellt, der sich mit der Digitalisierung in den Grundlagen der sozialen und kulturellen Existenz vollzogen hat und der dazu führt, dass heute 95 Prozent der Informationen, von denen wir umgeben sind, in digitalem Format erzeugt, übermittelt und registriert werden.[30] Im Zentrum ist eine alles Bisherige überbietende und auch prospektiv unabsehbar wachsende Datenproduktion, deren Zirkulation nach der Erfindung des Internets und der modernen Informationsmedien die alten Kommunikationsflüsse abgelöst hat. Entscheidend ist dabei, so Ferraris, nicht nur die quantitative Zunahme, sondern eine prinzipielle Inversion in diesem Prozess. Dessen Ausgangspunkt bildet die Tatsache, dass alles, was ist, lebt und agiert, Spuren hinterlässt, die ihren Ursprung überdauern, sodass sich in der Welt fortwährend Überreste und Zeugnisse des Gewesenen akkumulieren, in einer unablässigen Bewegung, die sich mit dem kommunikativen Austausch von Informationen potenziert und in den Kommunikationsmedien spezifische Gestalten annimmt. Schon der Übergang von der Mündlichkeit zur Schrift stellt darin einen folgenreichen Wechsel dar, der für die Äußerung wie die Aneignung, Verarbeitung und Verbreitung von Informationen weitreichende Auswirkungen hat und deren Verstetigung und Tradierbarkeit auf eine neue Basis stellt. In prinzipiellerer Weise wird der Wechsel mit der Digitalisierung revolutioniert, welche nicht nur den Umfang der erzeugten Daten ins Unermessliche steigert, sondern sie gewissermaßen fundamentalisiert, indem sie nicht mehr nur als sekundäre Verkörperung mündlich-direkter Kommunikation fungieren, sondern dieser als Ermöglichungsbedingung der digitalen Übersetzung zugrunde liegen. «Im Digitalen», so das scheinbar paradoxe Fazit, «geht die Registrierung dem Ausdruck voraus».[31] Die Fundamentalisierung der Daten transformiert die ontologischen Grundlagen der menschlichen Realität und verbindet sich mit der «Explosion» der Zeichen und Aufzeichnungen, die in die Generierung der Big Data mündet, welche den Strom des WEB und den Stoff der Suchmaschinen ausmachen.[32]

Was im Schritt der Digitalisierung auf dem Spiel steht, wird deutlicher, wenn wir die qualitative Differenz beleuchten, die das digitale vom vordigitalen Seinsverhältnis abhebt. Zum Tragen kommt eine extreme Form der Indirektheit im Naturbezug wie im zwischenmenschlichen Austausch, die indes, weithin unauffällig, ein Teil der normalen Lebensform geworden ist, wenn wir etwa unseren Freunden nicht mehr einen Brief schreiben und auf dem Postweg zukommen lassen, sondern eine Anfrage per E-Mail zuschicken; in zahlreichen Kontexten tritt diese Vermitteltheit im Medialen, Verwaltungsmäßigen, Wissenschaftlichen in expliziterer Form auf. Der Schritt zur digitalen Medialität steht für eine jener Kulturtechniken, die, wie das Bild oder die Erfindung der Schrift, unser Verhältnis zu den Dingen basal durchdringen und in eine eigene Dimension rücken. Sie ist uns seit Langem vertraut und etwa im Mathematischen und Sprachlichen mit ursprünglichen Intuitionen verknüpft, die in ältesten Spekulationen als Gefäße des Wirklichen wie des Mentalen fungieren. Auch wenn wir zwischen der digitalen und der analogen Vergegenwärtigung, zwischen dem Darstellbaren und dem Nichtdarstellbaren, dem Sinnlichen und dem Nichtsinnlichen prinzipielle Differenzen ansetzen, bestehen im konkreten Gegenstandsbezug und Operieren mit Informationen gleitende Übergänge und intermediale Zwischenformen. Wir reagieren auf eine handschriftliche und eine per E-Mail übermittelte Reklamation ähnlich, können beide kognitiv und emotional in ähnlicher Weise erfassen und verarbeiten.

Gleichwohl ist die basale Heterogenität der Sphären festzuhalten. Die Digitalisierung versetzt das Erleben und Äußern in ein andersartiges Milieu, eine andere Welt. Der technische Schritt besteht in der «Datafizierung», der Übersetzung der erfahrenen Wirklichkeit in Daten und digitale Symbolsysteme, welche im Gegensatz zu natürlichen Sprachen und Rastern durch eine im Prinzip endliche Zahl von Elementen definiert sind.[33] Es sind Elemente, die dem Menschen neue Möglichkeiten des Umgangs mit der Wirklichkeit eröffnen und zugleich einen Verlust der phänomenalen Erfahrung bedeuten. Sie eröffnen ihm Möglichkeiten der differenzierten Registrierung und Systematisierung, der Bearbeitung, Transformation und Berechnung, die als Voraussetzung in höherstufige technologische Praktiken, etwa der Künstlichen Intelligenz, eingehen. Gleichzeitig liegt darin eine Entfernung von den konkreten Gegenständen, die uns im täglichen Leben und Handeln umgeben. Dabei ist die Kluft nicht in allen Erfahrungsfeldern in gleicher Weise präsent. Während eine digitale Rechenoperation auf dem Smartphone und ein mentales Zusammenzählen (‹Kopfrechnen›) sich je nach Komplexität, Kontext und eigener Gewohnheit näher oder ferner sein können, bleibt die digitale Gesichtserkennung, die außerordentlich treffsicher und auf Entfernung und in Dunkelheit der visuellen Wahrnehmung überlegen sein kann, dieser gegenüber in eigentümlicher Weise fremd.[34] Die kommunikative Beziehung, die in emphatischen Konzepten mit dem Antlitz des Nächsten (Levinas) oder dem fremden Blick (Sartre) verbunden wird, ist ein gänzlich Anderes gegenüber der registrierenden Identifizierung durch eine Überwachungskamera. Die Phänomenalität der Erfahrung, d. h. die Art und Weise, wie Gegebenes erscheint und subjektiv erlebt und aufgefasst wird, verflüchtigt sich in der digitalen Transposition in Daten und Operationen. Was die Dichte der Lebenswelt ausmacht, findet im Medium des Digitalen keinen originären Ort und keinen Ausdruck, auch wenn vieles von ihr in der analogen Rückübersetzung wiederum sinnhaft-erlebensmäßige Gestalt annimmt.

Es ist wichtig, sich darüber klar zu werden, was in der Entphänomenalisierung verloren geht. Es ist zunächst die sinnlich-qualitative Präsenz der Phänomene, ihre Farbe und räumliche Gestalt, ihr Klang und ihr Duft, die in allgemeine, formale Zeichen transponiert wird. Schon eine der ältesten Kulturtechniken, die Schrift, verfällt bei Platon der Kritik ob des Verlusts an lebendiger Präsenz gegenüber der gesprochenen, zwischenmenschlichen Rede. Nur in dieser, so Sokrates, ist der Geist, der dem Logos innewohnt, aktuell da und lebendig; der von seinem Ursprung abgelöste, tote Buchstabe bedarf wie ein verlassenes Waisenkind der Hilfe durch andere, um wiedererweckt zu werden und Sinn zu transportieren. Nur die «lebende und beseelte Rede» vermittelt Wissen und ermöglicht Verständigung.[35] Mit einem verwandten Motiv hat Husserl die Abstraktheit der Wissenschaften angeprangert, deren formalem Funktionsgebäude die sinnlich-lebendige Präsenz der Sache entgleitet. Sein Beispiel ist der Ursprung der Geometrie, in deren Theorie und wissenschaftlicher Praxis die räumlich-körperliche Arbeit der Feldvermessung als lebensweltlicher Bedeutungsgrund irreal und unsichtbar geworden ist.[36] Was in solchen Fällen als Fremdheit gegenüber dem lebendigen Phänomen und der leiblich-sinnlichen Erfahrung herausgestellt wird, reproduziert sich in potenzierter Weise in der Digitalisierung. Auch wenn die Digital Natives mit deren Formgebung aufgewachsen und in ihrem Resonanzraum zu Hause sind, bleibt die Andersartigkeit gegenüber dem natürlichen Hineinwachsen in die Umwelt, der ursprünglichen Kommunikation mit den Dingen und Ereignissen bestehen und ein basales, gegebenenfalls verdecktes Merkmal des Erlebens und Verhaltens im digitalen Raum.

Zur Dimension dieses ursprünglichen Wirklichkeitsverhältnisses gehören die Körperlichkeit des erlebenden Subjekts und die Situiertheit sowohl des eigenen Seins wie der begegnenden Realität. Im Gegensatz zur lokalen Gebundenheit zeichnet sich die Digitalität durch Ubiquität aus. Die im Netz kursierenden Daten, die von ChatGPT gegebene Antwort, der vom

Schachcomputer gemachte Spielzug haben kein Wo und kein Woher. Sie sind überall, idealtypisch ohne Ort, auch ohne temporale Festlegung und Sukzession.[37] Sie sind anonym, haben keine Herkunft in einem bedeutungssetzenden Subjekt, auch nicht in einem kollektiven Meinen oder einer transzendentalen Intersubjektivität. Sie sind in einem originären Sinne transsubjektiv, jenseits intentionaler Erzeugung und Einbettung.[38] Und doch werden sie in der digitalen Praxis des Alltagslebens wie in der spezialisierten wissenschaftlichen und berufsmäßigen Tätigkeit sinnhaft angeeignet, eingesetzt, verarbeitet, reproduziert und vermehrt. In alledem bildet sich eine eigene Dimension der Wirklichkeit, der objektiven, subjektiven und intersubjektiven Realität heraus, die nicht einfach mit der von der Kulturtheorie beschriebenen zweiten Natur menschlicher Hervorbringungen zusammenfällt, sondern gegenüber deren Produkten, den Institutionen, industriellen Erzeugnissen und Alltagsgegenständen eine eigene, spezifische Metastufe verkörpert. Deren lebensweltliche Fremdheit ist, wenn sie auch oft unbemerkt ist, eine andere und radikalere als die in den sozialen Entfremdungstheorien angeprangerte, welche in der Enteignung der Erzeugnisse des eigenen Tuns gründet. Sie ist intimer in den Zwiespalt der Kulturtechnik als eines zugleich Eigenen und Fremden, eines Mediums der Selbstwerdung und des Selbstverlusts verwickelt.

In alledem markiert die Digitalität das Andere zur leiblich verankerten, sinnlich vermittelten Welterfahrung. Sie ist ein Anderes gegenüber der sinnlichen Rezeption wie dem natürlichen Ausdruck. Sie überschreitet den unmittelbaren Realitätskontakt gleichsam auf eine zweite Stufe medialer Vermittlung hin, auf welcher die qualitativ diversifizierte Medialität des Bildes oder des Klangs abgelegt, in die rein formale Mediation des abstrakten, nichts zeigenden und sagenden Symbols transferiert ist. Insofern findet mit der Entphänomenalisierung eine Art Entrealisierung statt, wie sie in den Operationen Künstlicher Intelligenz oder mechanischer Reproduktion statthat, wo eine Antwort gegeben, ein Bild produziert wird, ohne dass jemand die Antwort oder das Bild als solche ‹gemeint› hat. Sie zu ‹verstehen› heißt nicht, ein Sagenwollen oder Zeigen nachzuvollziehen, sondern veranlasst zu sein, Sinn zu generieren und mit den Daten zu verbinden. Man könnte versucht sein zu sagen, dass in einem phänomenalen Sinn keine ‹Antwort›, kein ‹Bild› wirklich da sind, wobei man sich aber hüten muss, einem materialistischen Reduktionismus das Wort zu reden und als Gegebenes nur die letzten materialen Entitäten, nicht das Phänomen selbst zu bezeichnen.

Erlebensmäßig fällt es, wie gesagt, schwer, zwischen der im direkten Gespräch gehörten Antwort und einer technisch-medial erzeugten Replik trennscharf zu unterscheiden. Der nach dem britischen Informatik-Pionier Alan Turing benannte Test (‹Turing-Test›) demonstriert dies in anschaulicher Weise, wenn er das Kriterium maschineller Intelligenz daran festmacht, ob ein Mensch im Dialog mit einem (verdeckten) Computer dessen Antworten von denen eines Menschen zu unterscheiden in der Lage ist. Das Experiment verdeutlicht die Kluft zwischen dem (vielfach nicht-differenzierbaren) phänomenalen Gegebensein und der (distinkten) ontologischen Verfassung einer Sache. Sie wird nivelliert in der Zentrierung auf die äußere Funktion und Leistung von Daten und Prozessen. Der Turing-Test sucht etwas über den Ursprung einer Äußerung im exklusiven Augenmerk auf deren Resultat und Gestalt auszumachen. In anderer Weise nähern wir uns der Eigenart des Digitalen dort, wo wir nicht den Status einer Information (als Ausdruck eines Subjekts oder Effekt einer Maschine), sondern des sich äußernden Subjekts selbst zum Thema machen. Dieses lässt sich nicht auf eine Funktionsgröße im kommunikativen Verkehr reduzieren. Es geht nicht auf in der Stellung als Ursprung oder Adressat digitaler Information. Auch im

Vergleich der kulturellen Epochen befinden wir uns evolutionstheoretisch im Zeitalter des Homo sapiens, nicht eines Homo digitalis.[39] Ausdrücklich stellt Burkhard Liebsch die Frage nach dem «nicht digitalisierbaren ‹Rest›»[40] im digitalen Universum und beantwortet sie mit Verweis auf die Stellung des Menschen in seiner körperlichen Verfassung und seiner Bezogenheit auf die Anderen und die Welt. Im Fokus ist dann nicht allein das Subjekt in seiner weltkonstituierenden Funktion, sondern der Mensch in seiner Fähigkeit des Affiziertwerdens und pathischen Erlebens, in dem, worin er die Phänomenalität der Dinge in ihrem Sinn zu erfahren in der Lage ist. Das seelische Selbst erweist sich als letztes Refugium, das leibhafte, leidende Leben als Rest- und Gegeninstanz zur digitalen Auflösung.[41]

Es scheint unumgänglich, im Blick auf die Digitalisierung – wie schon auf die Wissenschaft, die Mechanik und die Maschinenkultur – beides festzuhalten: einerseits ihre Zugehörigkeit zu unserem Lebensraum und unserer existenziellen Erfahrung, andererseits ihre Ferne zur lebensweltlichen Unmittelbarkeit und affektiven Färbung des Daseins. Wir leben in der digitalen Welt und sind ihr fremd. Bei aller Nähe gilt es, die Distanz ernst zu nehmen, bei aller Trennung die Durchdringung der Sphären. Wenn die Digitalität eine Schwelle der virtuellen Welt bildet, so ist sie darin nach der Überzeugung von Jörg Noller gleichzeitig der Kern einer anderen, originären Wirklichkeitsdimension der Existenz. In der Welt von Internet und Wikipedia zu leben, bedeutet nicht einfach einen Realitätsverlust, sondern eine Transformation, eine andere Lebensform, die ebenso humanitätsadäquat sein kann wie die gegenständlicheren Instanzen des objektiven Geistes und der Kultur.[42] Mit ähnlichem Nachdruck betonen Julian Nida-Rümelin und Nathalie Weidenfeld, dass die Digitalität «weder den Wesenskern des Menschen noch die conditio humana» verändert, und plädieren für einen technik-, aber auch menschenfreundlichen «digitalen Humanismus».[43] Auch andere Autoren warnen vor einer post- und transhumanen Überhöhung der fortschreitenden Digitalisierung ebenso wie vor ihrer Dämonisierung oder relativierenden Reduktion auf ein bloßes Instrument technischer Innovation.[44] Ernst zu nehmen ist die grundlegende existenzielle und kulturelle Bedeutung, die der Digitalität innewohnt und substanzielle Fragen mit Bezug auf die Stellung des Menschen in der Welt und die humane Lebensform aufwirft. Die Fragen verschärfen sich angesichts der Kulturtechnik der Künstlichen Intelligenz.

Künstliche Intelligenz

Die Künstliche Intelligenz wirft die Frage nach dem Subjekt mit neuer Virulenz auf, weil sie anders als eine maschinelle Mechanik an die Stelle des Menschen, nicht nur bestimmter körperlich-motorischer Funktionen zu treten scheint. Wenn zwar auch Roboter oft der Gestalt des Menschen nachgebaut sind und ob ihrer menschenähnlichen Leistungen Erstaunen hervorrufen, treten sie im Normalfall klar als das Andere zum Menschen, als maschinenartiger Akrobat oder als multifunktionale Hilfskraft auf. Zur Irritation werden sie als androide Gebilde mit menschenähnlichen Zügen, die nicht nur als technische Hilfsmittel, sondern explizit als Simulation menschlicher Verhaltensweisen konzipiert sind. Doch anders als diese teils experimentellen, teils fiktionalen Konstrukte sind Erzeugnisse Künstlicher Intelligenz, ohne mimetische Gestalt, im Alltagsleben vielfältig präsent geworden. Sie sind teils unvermerkt in den Funktionsmechanismus komplexer Prozesse, etwa metereologischer Vorhersagen oder der Regulierung von Aktienmärkten, integriert. Teils werden sie bewusst in wissenschaftlichen, professionellen und technischen Operationen, etwa in der Produktion von Texten, im Entwurf von Gutachten oder in der Evaluation alternativer Techniken, eingesetzt. Die seit wenigen Jahren öffentlichkeitswirksamen Leistungen von ChatGPT haben Faszination wie Irritation ausgelöst und neue Fragen und pragmatische Probleme, etwa hinsichtlich der didaktischen Verwendung oder der Beurteilung von schriftlichen Leistungen, aufgeworfen. Die hohe Geschwindigkeit der neueren Entwicklung hat die Frage nach der Einschätzung des Zukunftspotenzials der noch jungen Technik verschärft, den Raum für futuristische Utopien wie für Abwehrreaktionen geöffnet. Sie ruft eine ebenso ursprüngliche Begeisterung wie Gefühle der Unheimlichkeit und originäre Ängste hervor. Dass wir das Lesen, Interpretieren und Übersetzen potenten Automatismen übertragen können, deren Leistung unser Vermögen in Reichweite, Komplexität und Geschwindigkeit um ein Vielfaches übertrifft, ist ein außergewöhnliches kulturtechnisches Erlebnis, das in seiner Ambivalenz lebensweltlich aufdringlich wird, wo die delegierte Verstehens- und Entscheidungskompetenz auf Börsengeschäfte, Partnervermittlung oder militärische Strategien übertragen wird. Allein die unvergleichliche Reichweite und Schnelligkeit der Prozesse ist überwältigend, wenn es um das themenzentrierte Durchforsten einer Bibliothek, das komparative Evaluieren neuer Theorien oder das Zusammenfassen eines Romans jenseits menschlicher Schnelllesetechniken geht.[45] Gleichzeitig ist die Faszination ob solcher außergewöhnlicher Leistungen oft von Unbehagen, je nachdem auch von tiefen Ängsten begleitet. Die negativen Gefühle, zwischen intellektueller Irritation, Sorge und Schrecken, sind teils der abgründigen Fremdheit geschuldet, mit der uns solche Performanzen begegnen können. Zum Teil aber sind sie durch manifeste Gefährdungen und drohende Katastrophen bedingt, wie sie auch außerhalb der KI in apokalyptischen Visionen der über den Menschen hinauswachsenden, ihn überwältigenden Technik ausgemalt werden. Auf sie ist an späterer Stelle im Blick auf die Stellung des Menschen angesichts der von ihm geschaffenen, ihm entgleitenden Welt zurückzukommen.[46]

Zunächst ist die mit der Künstlichen Intelligenz vollzogene zivilisatorische Neuerung deskriptiv genauer zu fassen. Losgelöst von der Wertung ist der strukturelle Wandel in der technologischen Entwicklung hin zum Reflexivwerden lernfähiger Prozesse von Belang. Es geht nicht um eine bloße Steigerung der Komplexität und Effizienz von Techniken für definierte Aufgaben nach vorgegebenen Methoden und Algorithmen. Es geht um die Fähigkeit zur Innovation, um das Begreifenkönnen neuer Probleme und das Finden anderer Wege, d. h. um einen originären Lernprozess, wie er von Organismen und Personen vollzogen wird und sich in der Veränderung ihrer Selbstdefinition niederschlagen kann. Mit der Schwelle verbindet sich die gängige Unterscheidung zwischen schwacher und starker Künstlicher Intelligenz, d. h. zwischen der Fähigkeit, mit vorgegebenen Fragen und Aufgaben umzugehen, wie sie ein Schachcomputer oder ein Übersetzungsprogramm besitzt, und dem umfassenderen, der menschlichen Intelligenz verwandten Vermögen, sich auf alle möglichen, auch unbekannten Problembereiche einzulassen und neue Frageperspektiven zu formulieren, andere Zugänge und Methoden zu schaffen und zu erproben. Es ist diese zweite Entwicklungslinie, auf der wir den erstaunlichen, humanoid erweiterten Verhaltens- und Erlebensformen von Maschinen begegnen, die von der Fähigkeit zur emotionalen Reaktion, zur praktischen Überlegung und zur zwischenmenschlichen Begegnung zu zeugen scheinen – obwohl wir aus kritischer Distanz ihres irrealen, simulatorischen Charakters zweifelsfrei gewiss sind. Sie kommen in Robotern und Cyborgs zum Ausdruck, die ob ihrer oszillierenden Natur nicht nur theoretisch befremdend, sondern auch praktisch verwirrend, beunruhigend sein können. Die Lust an der Leistungssteigerung durchdringt sich mit der Angst vor Entmündigung.

Es ist von Interesse, die hier zur Diskussion stehende Grenzlinie zwischen der natürlichen Seinsweise des Menschen, welche durch Erziehung und Bildung beeinflusst und verändert werden kann, und der künstlich hergestellten, vom Menschen instrumentell genutzten physischen und intellektuellen Kraft von Maschinen, zwischen Natur und Kunst, mit jener anderen Grenze zu kontrastieren, die zwischen Mensch und Tier besteht und ihrerseits die Eigentümlichkeit des Humanen zur Diskussion stellt. Auch in diesem Bereich sind in neueren Diskussionen traditionelle Dualismen und Grenzziehungen problematisiert worden. Sie stehen von beiden Seiten infrage, im Blick auf den Menschen, gegen dessen intellektuell vereinseitigtes Bild die Phänomenologie die mit anderen Lebewesen geteilte sinnlich-leibliche Existenzform betont, und vonseiten des tierischen Verhaltens, dessen kognitive, sprachliche und sozialen Potenziale in der neueren Forschung gegen das mechanistisch-reduktionistische Bild der *bêtes-machines* herausgearbeitet werden. Es sind zwei unterschiedliche Grenzbegehungen, in denen beide Male Nähe wie Ferne auffällig werden, die unstrittigen Divergenzen ebenso wie die im gängigen Diskurs oft übersehenen oder verdrängten Verwandtschaften und Übergänge. Die Nähe liegt der Faszination über die Leistung von Maschinen wie die Fähigkeiten von Tieren zugrunde und kann dazu verleiten, inadäquate Angleichungen vorzunehmen.

Sie werden nicht in beiden Bereichen als gleich problematisch empfunden. Gerade im Bereich der Künstlichen Intelligenz drängt es sich aus begrifflichen wie ethischen Gründen auf, gegen die Annäherung die Divergenz festzuhalten, und dies von beiden Seiten. Zum einen eignet der Künstlichen Intelligenz nicht die subjektive Dimension, gewissermaßen der

Raum der Erlebnisse und Haltungen, die wir mit normalen menschlichen Erkenntnis- und Urteilsakten verbinden, welche sich mit Situationswahrnehmungen, Eindrücken, praktischen Stellungnahmen, je nachdem persönlichen Erinnerungen oder sozialen Rücksichtnahmen verschränken. Auch wenn all dies in hochentwickelten künstlichen Systemen mitrepräsentiert werden kann, wissen wir im Normalfall um ihren konstruktiv-simulatorischen Charakter, während wir im kommunikativen Umgang spontan Zuschreibungen an reale Subjekte vornehmen. Das ‹Funktionieren› Künstlicher Intelligenz hat sein Zentrum in der Leistung, losgelöst von deren Herkommen aus einem denkenden, forschenden oder überlegenden Substrat. Umgekehrt bedeutet dies, dass wir menschliches Verhalten nicht ohne Verfälschung den Operationen autonomer Mechanismen angleichen können. In ähnlicher Weise ist die Differenz im Verhältnis zu den Tieren festzuhalten. Wenn sie traditionellerweise als Überlegenheit der geistigen über die animalische Natur erörtert wurde, so wird sie im Kontext neuerer Forschung als intrinsische Begrenztheit der tierischen Vermögen zum Thema. Die beeindruckenden Äußerungs- und Kommunikationsfähigkeiten höherer Tiere etwa bleiben nicht nur graduell von der wesenhaften Sprachlichkeit des Menschen geschieden. Ein Analogon zur aristotelischen Grenzziehung zwischen dem Menschen als dem Lebewesen, das über die Sprache (*logos*) verfügt, und den Tieren, die nur die Stimme (*phone*) haben, mittels deren sie Emotionen ausdrücken, doch nicht am Disput über Recht und Unrecht teilnehmen können, bleibt in Geltung.[47] Auch hier kann die Unterscheidung dazu verhelfen, die spezifische Eigenart des menschlichen Geistes zu verdeutlichen, dessen Ersetzbarkeit beziehungsweise Unverzichtbarkeit angesichts der technologischen Innovationen infrage steht. In gewisser Weise kommt im Ganzen eine zweigleisige Substituierbarkeit im Übergang von der Maschine zum Menschen und vom Tier zum Menschen in den Blick: Künstliche Intelligenz erscheint wie ein hyperbolischer Fluchtpunkt sowohl in der Evolution des Tiers wie in der Entwicklung der Technik, die gleichsam von zwei Seiten, aus dem inneren Werden des Organismus und als intellektuell-technische Schöpfung, auf die Form des Menschen zusteuern. Im vorliegenden Kontext interessiert in erster Linie der Abstand des Humanen nicht zur animalischen, sondern zur künstlichen Kreatur.

In beiden Fällen ist es ein Abstand innerhalb einer Kontinuität. Diese wird für die Natur-Kultur-Schwelle mit Nachdruck im Kontext der Evolutionstheorie vertreten. Nach Charles Darwin gibt es in den körperlichen Anlagen, aber auch den kognitiven Fähigkeiten zwischen Tier und Mensch nur quantitative bzw. graduelle, keine qualitativen Unterschiede.[48] Auch wenn der Mensch in kognitiv-geistiger Hinsicht alle anderen Lebewesen überragt, ist für Gerhard Roth damit nicht gesichert, dass er ihnen gegenüber wirklich «einzigartig» sei; «Geist und Bewusstsein», betont er, «sind natürlichen Ursprungs und das Produkt einer langen biologischen Evolution», innerhalb deren sich «keinerlei unerklärliche Sprünge» feststellen lassen.[49] Nicht nur genetisch, auch strukturell gibt es keine geistigen Akte ohne neuronale Grundlagen, was nicht bedeutet, dass die Ebenen deshalb zusammenfielen und aufeinander reduzierbar wären; die von Roth ins Auge gefasste «naturalistische Theorie des Geistes» hat ihren Kern vielmehr in einem «nichtreduktionistischen Physikalismus».[50] Allerdings ist nicht zu verkennen, dass eine solche Sichtweise nach anderer Hinsicht sehr wohl eine reduktionistische Tendenz enthält, sofern sie sich auf die Ebene des Funktionierens, des Rechnens und Problemlösens konzentriert und die Dimension des Erlebens und subjektiven Fürsichseins außer Acht lässt.[51] Dagegen hat eine genauere Deskription daran festzuhalten, dass menschliches Tun nicht nur in keinem funktionsadäquaten

Verhalten und Bewältigen vorgegebener Aufgaben aufgeht, sondern dass Denken allgemein sich nicht auf ein logisches Problemlösen reduzieren lässt.[52] Die gefühlsmäßige, situative und reflexive Wahrnehmung geht in die menschliche Auffassungsweise jenseits der Logik Künstlicher Intelligenz ein. Nach einer anderen Perspektive lässt sich die Kontinuität, aber auch die Schwelle ebenso im Raum der Technikentwicklung am Beispiel der «Mensch-Maschine-Hybriden» ausmachen, die Peter Koslowski geradezu als «Maschinen, die unsere Brüder werden», diskutiert.[53] Er verbindet diese Konzeption ihrerseits mit einem Blick auf die Evolution und spricht von der Befürchtung, dass im evolutionären Überlebenskampf «die Natur auf der Seite der Maschinen stehen» und über den Menschen hinausgehen wird «zu Anthropoiden, Supercomputer-Wesen, zu Cyborgs und Mensch-Maschine-Hybriden».[54] In solchen Visionen widerspiegelt sich die Doppelnatur einer Entwicklung, welche die natürlichen Vermögen des Menschen in neuartiger Weise wachsen lässt und zugleich Verunsicherung schaffen und Ängste auslösen kann.

Mit der Linie solcher Konvergenzen und Steigerungen kontrastieren Erfahrungen des Abgrunds und Effekte der Abwehr. Sie dramatisieren die Seite der Fremdheit, die sich zwischen den überbordenden Entwicklungen Künstlicher Intelligenz und dem lebensweltlich verwurzelten Erkennen und Verstehen des Menschen auftut. Sie nötigt geradezu zu einem neuen Verständnis des Menschen, der nicht mehr, so die Formulierung von Richard David Precht, «als das Andere der Natur, sondern als *das Andere der künstlichen Intelligenz*» zu begreifen ist.[55] Es sind unterschiedliche Differenzmerkmale, die von Autoren, welche die Divergenz betonen, ausgebreitet werden: die Einbettung der theoretischen Leistungen in Stimmungen und Affekte, ihre körperliche Fundierung und Integration in ein bewusstes Selbstverhältnis, das mit Spontaneität und

Freiheit einhergeht, darüber hinaus die moralische Ansprechbarkeit, interaktive Resonanz und empathische Einfühlung in Andere, schließlich das Zeitbewusstsein und der Realitätsbezug, der eine Unterscheidung der Modalitäten von wirklich und möglich einschließt.[56] Eine nicht-überbrückbare Fremdheit trennt menschliches Denken auch von einer vielfältig diversifizierten und anthropomorph ausgestatteten Superintelligenz. Nicht nur ist diese vom Bewusstsein als solchem abgekoppelt, ihr fehlt die Erlebensdimension, in welcher Subjekte ihr Selbst- und Weltverhältnis erfahren, die Sinnhaftigkeit, in deren Medium sie ihr Sein und ihre Geschichte aneignen. Die Sinnvergessenheit des maschinell artikulierten Wissens macht dieses für den existenziellen Lebensvollzug zuletzt unassimilierbar.[57]

Die beunruhigende Frage in alledem bleibt, wieweit es möglich ist, zwischen dem Vorliegen und dem Vorspiegeln intentionaler Haltungen und Akte trennscharf zu unterscheiden. Es ist die Frage, wieweit wir mit Gewissheit feststellen können, ob eine Äußerung von einer Maschine, einem lebenden Organismus oder einem bewussten Subjekt stammt. Dabei bleibt die Stringenz des aus der Außenperspektive konzipierten Turing-Tests von der intuitiven Plausibilität der genannten Distinktionsmerkmale aus der Innensicht unberührt. Der auf die Äußerung zentrierte Test bietet kein Kriterium für die Frage, ob etwas an ihm selbst ein geistiges Wesen ist.[58] Die funktionale Äquivalenz maschineller und menschlicher Operationen im Hervorbringen korrekter Sätze und logischer Verknüpfungen verfehlt die in einer holistischen Perspektive fassbare Kluft zwischen ihnen. Im Blick auf sie bleibt die Nichtreduzierbarkeit des verstehenden Weltbezugs auf gegenständliche Dispositionen und objektive Vollzüge unhintergehbar. Gegen die Tendenz zur Angleichung ist mit dem spontanen Verständnis daran festzuhalten, dass Computer keinen wirklichen Zugang zur subjektiv erfahr- und artikulierbaren Bedeutung haben, die konstitutiv zur menschlichen Lebensform gehört. Die genannten Hybridbildungen in Robotern und Cyborgs münden zuletzt nicht in einer Verschmelzung von Mensch und Maschine, sondern in der Eliminierung des menschlichen Akteurs.[59] Ebenso gewichtig wie die beeindruckenden Fortschritte in der Perfektionierung und anthropomorphen Gestaltung der Technik ist die nicht schließbare Kluft, die diese von den Manifestationen des menschlichen Geistes trennt. In ihr deutet sich an, in welchem Sinn von einer Unersetzbarkeit des Subjekts, einer Unverzichtbarkeit des Menschen die Rede sein kann. Bevor dieser Spur nachzugehen ist, ist die Linie der Steigerung und Übersteigung des Menschen einen Schritt weiter auszuziehen auf jene Konstellationen hin, in denen die Transzendierung und das Jenseits des Menschlichen unter eigenen Leitideen zur Sprache kommen.

Über den Menschen hinaus

Es sind namentlich zwei Leitideen, die schon in der Wortbedeutung das zweifache Überschreiten anzeigen, die immanente Steigerung des Menschlichen in seinen Vermögen und Entwürfen und das transzendierende Hinausgehen über das Menschliche und dessen originäre Grenzen: die Ideen des Transhumanen und des Posthumanen. Es sind die zwei einleitend genannten unterschiedlichen Gegenkonzepte gegen das als Norm fungierende, substanziell definierte Humane, zwei Formen einer kritischen Auseinandersetzung mit dem Humanismus, wie sie in Heideggers *Brief über den Humanismus* klassischen Ausdruck gefunden hat.[60] Es ist bedeutsam, die divergierenden Stoßrichtungen dieser Gegenwendung auseinanderzuhalten und in ihrer Tragweite zu verdeutlichen, um sich über das Menschsein und die Stellung des Menschen in der Welt zu verständigen. Die initiale Hauptdivergenz ist die zwischen der internen Erweiterung und Verbesserung und der externen Überschreitung und Kritik. Die beiden Richtungen, die sich unter partikularen Aspekten verbinden, stehen als ganze in einem antagonistischen Verhältnis.

Transhumanismus

Der Transhumanismus schließt in direktester Weise an die im Vorausgehenden gezeichnete Linie von der Maschine zur künstlichen Intelligenz an. Die Idee einer fortschreitenden Höherentwicklung bildet nicht erst den Hintergrund der überschwänglichen geschichtsphilosophischen Ideale einer Perfektionierung der Menschheit, sondern geht von Anfang an in die ethisch-anthropologische Reflexion über das wahre Menschsein ein. Zum Wesen menschlicher Existenz gehört das Sich-Abarbeiten an der Endlichkeit, an der eigenen Trägheit und den inneren Widerständen der menschlichen Natur. Menschlich leben heißt nach einer alten Leitidee, sich mit der Schwäche der eigenen Natur auseinandersetzen, über sein faktisches Sosein hinausstreben, um seine wahre Bestimmung zu verwirklichen. Die Dynamik solcher Zielgerichtetheit wird in unterschiedlichen ideengeschichtlichen Konstellationen ausformuliert: im Konflikt der entgegengesetzten Anlagen und Seelenkräfte in der antiken Ethik, als Abwehr der Versuchung des Bösen und der Tendenz zur Sünde in der Religion, im Widerstand gegen das Verfallen und die Uneigentlichkeit in Konzepten der modernen Existenzphilosophie, in postmodernen Utopien der fortwährenden Neubeschreibung und Selbst-Neuerschaffung des Menschen. Immer ist es eine Dynamik, die sich in Opposition zu Defizienzen und Gegenkräften, zu Mächten der Auflösung und Regression, zur Selbstverfehlung und zur Schwäche des Wollens zu behaupten hat. Die Teleologie des humanen Lebens realisiert sich nicht ungehindert wie ein natürlicher Trieb und ein in seinen Entwicklungsschritten vorherbestimmter organischer Vollzug, sondern in reflexiver Brechung durch ein ungesichertes Erkennen und fragiles Wollen. Dass Menschen ein wirklich menschliches Leben führen, ergibt sich nicht zwangsläufig, und wie es zu führen sei, versteht sich nicht von selbst.

Von Belang ist nun eine interne Abstufung in dieser Steigerung, zwischen der Ausbildung und Verbesserung partikularer Fähigkeiten, körperlicher Kräfte und intellektueller Vermögen einerseits und einer Höherentwicklung im Ganzen, die in eine Transformation der Lebensform als solcher mündet. Es ist diese zweite Änderung, die unter dem Titel des Transhumanismus zur Debatte steht. Berühmt ist Friedrich Nietzsches Begriff des Übermenschen, der nicht eine andere Spezies, sondern eben jene vielfältige Steigerung und Selbstüberwindung benennt, in welcher der Homo sapiens wahrhaft zu sich kommen und seine Natur verwirklichen soll. Annemarie Pieper hat Nietzsches sprechendes Bild «Ein Seil geknüpft zwischen Tier und Übermensch» als Leitfaden eines Kommentars zu Nietzsches Werk *Also sprach Zarathustra* gewählt.[61] Das Bild veranschaulicht das Spannungsverhältnis, welches die Existenz zwischen der Herkunft in einem vorsubjektiv-animalischen Sein und der Gerichtetheit auf ein ideales, die Faktizität überschreitendes Ziel durchzieht. Wenn solche Vorstellungen in mannigfachen Kontexten als lebensweltlich-ethische Ideale auftreten, so paktieren sie mit genuin transhumanistischen Motiven dort, wo sie sich nicht allein auf eine moralische Haltung und charakterliche Anstrengung der Selbstüberwindung stützen, sondern mit technologischen Prämissen verschränkt sind. Ein affirmatives Verhältnis zur Humantechnologie wird für posthumanistische Visionen als alternativlos reklamiert.[62] Sie zielen auf eine Verbesserung der Lebensbedingungen aufgrund von Fortschritten in der Medizin, der Gentechnologie, der künstlichen Intelligenz, welche über bisher bekannte Entwicklungen hinaus dazu verhelfen, menschliche Potenziale zu fördern, Krankheiten zu heilen und die Lebensspanne des Menschen zu erweitern. Auf beiden Seiten, in der Steigerung des subjektiven Könnens und Leistens und in der Stabilisierung und Verlängerung des Lebensprozesses, zeichnen sich Kulminationspunkte ab, in denen die Maximierung ambivalent, fragwürdig wird und in ihr Gegenteil umschlagen kann.

Auf der einen Seite verliert das Menschenbild im Lichte des Neuro-Enhancement und des Mind Uploading die Züge einer genuin humanen Existenz, um sich der Seinsweise eines künstlich produzierten oder durch Züchtung transformierten Lebens anzunähern. Die technologische Optimierung bestimmter Funktionen verdrängt deren anthropologische Grundlage durch die Utopie vollständiger Kontrolle und entfremdet sie dem natürlichen Verlangen des lebendigen Organismus. Ihre grenzenlose Ausweitung und exzessive Beschleunigung verwehrt die Synchronisierung mit dem Rhythmus subjektiven Wirkens und Erlebens und weist, so Ray Kurzweil, den Weg in eine «postbiologische Zukunft», in der sich das Wesen der Sterblichkeit verändern und der Mensch seiner Stellung als das «intelligenteste und leistungsfähigste Wesen auf Erden» verlustig gehen wird.[63] Dabei untergräbt die Entgrenzung der Lebenszeit bis hin zur virtuellen Unsterblichkeit die lebendige Fülle der Zeit, um die es der Sehnsucht nach Dauer und Überwindung des Todes geht, wie sie in kulturellen Zeugnissen vielfachen Ausdruck findet. Das endlose Fortfahren und Weiterleben entleert sich zur toten Wiederholung und mechanischen Persistenz und verliert die Bestimmtheit temporaler Formgebung, im aktuellen Erleben ebenso wie im konkreten Erinnern und erwartungsvollen Offensein für Kommendes. Die Zeit des qualitativen Lebensvollzugs zerfällt zur abstrakten Chronologie des Nacheinander. Die spannungsgeladene Ausrichtung auf das Ende weicht der Farb- und Trostlosigkeit des immergleichen Weiter-So, der Langeweile des Formlos-Unendlichen. Das lebendige Streben im Verlangen nach Glück ist gemäß Aristoteles auf ein *telos* gerichtet, das gleichermaßen ein Ziel und ein Ende ist: Wenn jedoch das Ende immer nur um eines weiteren Ziels willen gewollt wird, kollabiert das Streben im leeren Progress. Hegel hat solche Prozessualität als schlechte Unendlichkeit gebrandmarkt. Zwar haben medizinische Forschungen zur Langlebigkeit in der öffentlichen Wahrnehmung einen hohen Stellenwert, doch stehen die verfolgten Longevity-Rezepte in eigentümlichem Kontrast zu qualifizierten Gesundheitsprogrammen und zur Sorge um ein glückliches Altern. Das natürliche Telos der Wiederherstellung im Umgang mit Krankheiten lässt sich nicht vom konkreten Heilungsprozess auf das Leben als Ganzes übertragen. Dessen Endlichkeit ist weder eine Krankheit noch ein kurierbarer Makel, sondern strukturelle Bedingung eines gestalteten Gelingens und erfüllenden Abschlusses. Ein gutes, glückendes Leben erscheint nur in abstrakter Verzerrung als endloses Weiterleben.

Transhumanistische Konzepte, in denen solche Tendenzen begrifflich ausformuliert werden, oszillieren zwischen evolutionistischen und technizistischen Perspektiven. Sie zielen auf eine Steigerung des Humanen, die teils als natürliche oder evolutionäre Entfaltung, als überschreitende Entwicklung des Individuums oder der Spezies, zustande kommt, teils durch technische Interventionen hervorgerufen wird. Zur ersten Seite zählen die Bestrebungen, welche Defizite des Natürlichen zu überwinden suchen, von konstitutiven Schwächen über Krankheiten bis hin zur Sterblichkeit. Ihr Fluchtpunkt berührt den ältesten Menschheitstraum vom ewigen Leben. Das babylonische Gilgamesch-Epos erzählt von der Suche des Helden nach Unsterblichkeit, und griechische Mythen inszenieren den Konflikt zwischen den sterblichen Menschen mit den unsterblichen Göttern. Transhumanistische Visionen paktieren mit Ursehnsüchten des unbefriedigten, unerfüllten Lebens. Mit ihnen konvergieren auf der anderen Seite anthropotechnische Visionen, welche die conditio humana durch Bildung und Züchtung sowie durch direkte technologische Interventionen voranbringen wollen, mit den komplementären Utopien einer souveränen Herrschaft und höchsten Perfektionierung. Den Zwiespalt dieser Bestrebungen zwischen Züchtung, Biotechnologie und gentechnologischer Merkmalsplanung hat Peter Sloterdijk in einer viel diskutierten Replik zu Heideggers Humanismus-Brief explizit gemacht.[64] Zum Unheimlichen der in ihnen aufgerissenen Perspektiven gehört nicht zuletzt die Überlagerung von Dimensionen, die sich nach spontanem Verständnis fremd oder antagonistisch gegenüberstehen – von Akten der willentlichen Selbstbemühung, Maßnahmen der erzieherischen Führung, der Manipulation und fremdbestimmten Züchtung, der gentechnologischen Beeinflussung, der eugenischen Planung usw. In allen diesen Bereichen sind Prozesse auszumachen, welche die Bedingungen menschlichen Lebens grundlegend verändern.

Wichtig ist die Feststellung, dass solche Änderungen innerhalb des menschlichen Lebensraums, im Horizont eines weit verstandenen Humanismus stattfinden. Der Mensch bleibt Mitte und Referenzpunkt der diversen ‹transhumanistischen› Initiativen und Entwicklungen. Sie führen zu anderen Lebensformen, zu erweiterten, vielleicht ins Unbekannte gesteigerten Möglichkeiten, die aber als Potenzen des Menschen, vielleicht auf der Basis einer erweiterten Definition des Menschlichen, nicht eines Nicht-Menschlichen, zur Diskussion stehen. Sogar die von Heidegger konzipierte «Überschreitung des herkömmlichen Humanismus und der üblichen Anthropologie», so bemerkt Wolfgang Welsch (allerdings in kritischer Absicht), bedeutet nicht eine Verabschiedung der anthropischen Zentrierung des abendländischen Denkens, da noch in der dem Subjekt vorausgehenden und es überwölbenden «Seinsgeschichte» der Mensch als Ansprechpartner des Seins mit der unabtretbaren Aufgabe betraut ist, die Welt zu offenbaren und im eigenen Tun und Sagen das «ungesprochene

Wort des Seins zur Sprache» zu bringen.[65] Auch wenn Heidegger sein Projekt einer ‹Verwindung› der Metaphysik dezidiert mit einer Überwindung des subjektzentrierten Herrschaftsdenkens verknüpft, bleibt der Mensch als «Hirt des Seins» in einer privilegierten Position.[66] Seine Funktion für die Manifestation des Wirklichen bleibt unverzichtbar, auch wenn er nicht selbstmächtiger Ursprung der Wahrheit ist. In ganz anderer Weise hingegen wird seine Souveränität – der nach Welsch bei Heidegger verbleibende Anthropozentrismus – in posthumanistischen Konzepten überstiegen.

Posthumanismus

Die post-humanistische Perspektive zeichnet eine Phase nach dem Ende, ein Jenseits des Menschseins. Die genuine Lebensform der species humana wird abgelöst durch ein wesenhaft Anderes, eine «maschinelle Superspezies», die nicht für eine «Transformation», sondern letztlich eine «Überwindung des Menschen» steht.[67] Inhaltlich kann sie transhumane Motive weiterführen, etwa in der Projektion eines «immortalisme» jenseits von Krankheit und Sterblichkeit, der dann aber eher mit Zügen der unbegrenzten Haltbarkeit eines Gegenstandes als mit der Idee eines unsterblichen Lebens konvergiert.[68] Entscheidend für den posthumanistischen Ansatz ist die temporale Lesart, welche das Humane als ein Stadium der Evolution begreift, das ein Davor und ein Danach kennt, worin die biologische Bedingung des Humanen durch die technologische Kreation verwandelt, in ein Anderes transponiert wird.

In unüberbietbarer Schärfe hat Nietzsche das Nacheinander in seiner Fabel von den «klugen Tieren» vergegenwärtigt, die einst in einem abgelegenen Winkel des Weltalls das Erkennen erfunden hatten, doch «nach wenigen Atemzügen der Natur» auf dem wieder erstarrten Gestirn sterben mussten, woraus die Moral der Geschichte folgt: «Es gab Ewigkeiten, in denen [der menschliche Intellekt] nicht war; wenn es wieder mit ihm vorbei ist, wird sich nichts begeben haben.»[69] Die ungerührte Einordnung der menschlichen Lebensform in die umfassende kosmische Zeit ist das Gegenstück zur «mangelhaft historisierten Menschheitsgeschichte», die mit einer hypostasierten menschlichen Natur verschmolzen wird und in den traditionellen Geistes- und Kulturwissenschaften als Abwehr gegen eine post-humanistische Sichtweise dient.[70] In ontologischer Hinsicht mag die Sterblichkeit der Gattung als Selbstverständlichkeit gelten, und auch das von Foucault zusammen mit dem jungen Alter erwogene «baldige Ende» des Menschen mag für überzeugte Post-Humanisten eher schon eingetreten als noch ausstehend sein. Gleichwohl bleibt aus der Binnenperspektive des kulturellen Selbstverständnisses die Rede von einem Zeitalter nach dem Menschen eine Provokation, zumal eine ungelöste Frage. Sie weist über andere Post-Formationen (Postmoderne, postkoloniale Gesellschaft, nachmetaphysisches Denken etc.), welche die Gegenwart charakterisieren[71], hinaus auf eine grundlegend veränderte Seinsform des Menschen. Dass es eine Ära nach dem Menschen geben soll, ist die erweiterte, fundamentalisierte Fassung des Ausblicks auf eine Zeit «nach dem Subjekt», in welcher nicht mehr das menschliche Subjekt den transzendentalen Referenzpunkt aller Geltungen und Sinngebilde darstellt. Was oder wer «nach dem Subjekt kommt», ist die offene Frage, die zahlreiche Denker der Moderne und Postmoderne aufgeworfen haben.[72] In welchem Sinn von einem Danach des Menschen die Rede sein kann, inwiefern es ein radikal Anderes gegenüber der humanen Lebensform, erst recht den humanistischen Idealen darstellt – solche Fragen sind durch die post-humanistischen Bekenntnisse und Programme unausweichlich geworden.

Der vielfach verwendete Begriff des Anthropozäns als der durch den Menschen geprägten geochronologischen Epoche geht von einem (unterschiedlich definierten) Initialpunkt der Epoche aus, ohne damit einen Finalpunkt zu verbinden. Doch liegt es in der Sache, dass der mit dem Begriff bezeichnete, durch Ressourcenverbrauch und Klimawandel gezeichnete Zeitraum zugleich ein letzter sein wird, jedenfalls in eine Zeit ‹nach› dem Menschen bzw. ‹ohne› Menschen münden wird. Mustafa Suleyman spricht geradezu von einem «Leben nach dem Anthropozän».[73] Was in den Modernismusdiagnosen im Horizont des Kulturellen zur Diskussion steht, nimmt im Raum des Planetarischen und der Natur Gestalt an. Die Frage ist nicht nur, ob der Mensch seiner Zentralstellung und anthropischen Subjektfunktion verlustig geht, sondern ob ihm «überhaupt eine Zukunft auf dem Planeten beschieden sein wird».[74] Radikaler geht es um die Vergänglichkeit der Gattung selbst, um die Problematisierung des Vorurteils, das von der Selbstverständlichkeit des Menschen ausgeht und sich gegen dessen Überflüssigwerden und Verschwinden verwahrt.[75] Das Anthropozän konfrontiert uns mit der Frage nach einem Abschied vom Menschen in eins mit der Forderung nach einem neuen Verständnis von Natur und Kultur, in welchem zuletzt die Distinktion von natürlich und künstlich selbst obsolet werden kann. Indessen bleibt offen, wieweit sich dieser Abschied im Geiste wissenschaftlicher Lauterkeit als ungerührte Feststellung vollzieht, wieweit es ein Abschied ohne «Nostalgie für ‹den Menschen›» sein wird und sein kann.[76] Jedenfalls hält es Janina Loh angesichts der vielfachen End-Diagnosen für «umso erstaunlicher», dass «niemand so recht von ‹dem Menschen› lassen kann oder mag.»[77] Die Idee des Menschen bleibt, sei es in modifizierter Form, ein Fokus nicht nur transhumanistischer, sondern auch technologisch-posthumanistischer Konzeptionen. Auch wenn er längst nicht mehr als Maß aller

Dinge gilt, bleibt der Mensch ein Bezugspunkt der Selbstverständigung auch im Zeitalter nach dem Menschen. Zum Teil ist es unverkennbar eine Frage der Begriffsdefinition, wieweit wir Essenzbestimmungen, Verhaltensmuster, residuale Handlungs- und Empfindungsweisen als konstitutiv menschliche Größen behandeln oder eher dem Post-Humanen zuordnen. Dass eine kritische Verständigung über den Menschen und seine Lebensform im Zeitalter fortschreitender Technik und Naturentfremdung mit grundlegenden Neuerungen und Differenzen konfrontiert ist, steht außer Frage. Dass diese zur Preisgabe der Idee des Humanen nötigen, ist damit nicht entschieden.

So bleibt es im Ganzen eine offene Streitfrage, wieweit wir an den Grenzen des Humanen mit dessen innerer Veränderung oder seinem Jenseits zu tun haben. Nicht wenige Autoren wenden sich kritisch gegen Parolen des Trans- und Posthumanismus, ohne damit anti-humanistische Tendenzen der Gegenwart relativieren oder leugnen zu wollen. Zum Teil werden transhumanistische Leitvorstellungen, etwa der Unsterblichkeit, als Zerrbilder gebrandmarkt,[78] zum Teil wird die futurologische Feier der digitalen Technik als Ideologie zurückgewiesen,[79] zum Teil wird die trans- und posthumanistische Sicht der Evolution als wissenschaftlicher Humbug verworfen.[80] Evidenterweise variieren die wertenden Urteile mit der inhaltlichen Spezifizierung der Phänomene, die in den Blick kommen beziehungsweise ernst genommen werden. Der Dissens der Konzepte geht mit divergierenden Beschreibungen der Transformation und Überschreitung menschlicher Handlungsweisen einher. Bestimmte Entwicklungen können in sich optimistische und dystopische Varianten enthalten, progressive und regressive Tendenzen verkörpern.[81] Auch wo die affirmative Steigerung und Transzendierung der menschlichen Vermögen außer Frage steht, bleibt ihre technizistische Engführung im

Ganzen mit einem Reduktionismus und einem substanziellen Verlust behaftet.

Reduktionistischer Objektivismus und Lebenswelt

Der Reduktionismus der technischen Lesart menschlicher Leistung ist, wie schon bemerkt, durch die Zentrierung auf die Funktion und das Produkt bedingt.[82] Die unterschiedlichen Projektionen einer Fusion von Mensch und Maschine blenden die Innenperspektive des Tuns und Erlebens aus, um nur das Resultat einer Operation des Roboters oder der KI zu betrachten und gegebenenfalls auf seine anthropomorphe Passung zu prüfen. Sie reduzieren das Handeln auf ein Machen, abgelöst von der subjektiven Dimension eines emotionalen Involviertseins und praktischen Begehrens. Die eingeschränkte Perspektive geht mit einem ontologischen Reduktionismus einher, der verbreitete Lesarten des Psychisch-Sozialen kennzeichnet. Er durchzieht als Herausforderung die Begriffsgeschichte, von dem in Aristoteles' Naturauffassung überwundenen Atomismus über Kants Zurückweisung der mechanistischen Naturerklärung (es gibt keinen ‹Newton des Grashalms›) bis hin zur neurobiologischen Zurückführung des Seelischen.[83] Der Turing-Test hat die Unzulänglichkeit einer Beschreibung der Differenz von Mensch und Maschine aus der Außenperspektive vor Augen geführt. Darin liegt umgekehrt, dass in der gegenständlich-mechanistischen Assimilation wesentliche Züge des menschlichen Seins und Verhaltens verloren gehen. Den Menschen als Maschine zu betrachten, sein Können mit der Leistung eines KI-Programms zu vergleichen, bedeutet, wesentliche Dimensionen der menschlichen Existenz außer Acht zu lassen. Hervorgehoben seien drei Bereiche, in denen diese Reduktion stattfindet. Sie stehen spiegelbildlich für Angelpunkte, unter denen die Nichtreduzierbarkeit subjektiver Anteile im Leben zu verdeutlichen und die Unverzichtbarkeit des Menschen herauszustellen ist.

(a) Ein Erstes ist die Sinndimension, zu welcher Maschinen und digitale Apparaturen keinen Zugang haben. Digitale Lektüre, Textverarbeitung und Übersetzung wird ohne Verständnis des ‹gelesenen› und ‹geschriebenen› Textes erbracht. Digitale Gesichtserkenntnis findet ohne identifizierenden Bezug zum anderen Menschen, ohne zwischenmenschlich-empathische Gemeinsamkeit statt. Die KI-generierte Bearbeitung einer Aufgabe oder Beantwortung einer Frage geschieht ohne sinnhaften Umgang mit der Sache. Diese intuitiv manifesten Differenzen stehen für initiale Erfahrungen der seinsmäßigen Andersheit trotz möglicherweise beachtlicher struktureller Ähnlichkeit der Phänomene. Das maschinell produzierte und das menschlich erzeugte Produkt lassen sich im gegebenen Fall nicht voneinander unterscheiden und sind doch dem natürlichen Verständnis etwas je Anderes. Versucht man sich klarzumachen, woran wir diese Andersheit festmachen, kann man nicht umhin, neben den funktionalen Leistungen ontologische Prämissen in Betracht zu ziehen. Zur normalen Unterstellung in der Beschreibung kognitiver Akte gehört, menschliches Denken mit mentalen Zuständen zu verbinden, die wesensmäßig Attribute eines denkenden Subjekts sind. Nicht etwas, sondern jemand antwortet mir im Gespräch. Ohne substanzielle Zusatzannahmen scheint es abwegig, mentale Zustände auch Automaten zuzuschreiben, geschweige denn ihnen den Subjektstatus zu übertragen, der mit solchen Zuständen korreliert ist und im Normalfall auf personale Subjekte mit vielfältigen sozialen und lebensweltlichen Implikationen verweist. Eduard Kaeser diskutiert die Frage im weiteren Horizont der Zuschreibung vergleichbarer Erlebnisse und Akte an Tiere, Pflanzen und Maschinen, die er insgesamt als «artfremde Subjekte» von Menschen unterscheidet.[84]

Es ist eine Fragestellung aktueller Forschung, in welcher Weise die vielfach vermerkten Ähnlichkeiten beziehungsweise Unterschiede begrifflich auszuformulieren und ontologisch zu interpretieren sind. Für eine vom Menschen ausgehende Reflexion besteht eine naheliegende Option darin, von der prinzipiellen Differenz auszugehen und das subjektive Sagen und Erleben, das uns scheinbar auch in Apparaten und gegenständlichen Werken entgegentritt, als letztlich nicht simulierbar, als originäres Residuum des Menschen und unvertretbares Element unseres Daseins zu fassen.[85] Es ist in diesem Sinne nicht abwegig, den Begriff der Künstlichen Intelligenz selbst zu problematisieren oder gar als selbstwidersprüchlich zurückzuweisen, da er weder im strengen Sinn auf ein intelligentes Verhalten, das nicht ohne Erleben real vollzogen wird,[86] noch auf etwas Künstliches Bezug nimmt, das im normalen Sprachgebrauch etwas meint, das (wie ‹künstliches Holz›) nicht die Natur des mit dem Begriff Bezeichneten teilt, sondern allenfalls ein äußerlich ähnliches Gebilde darstellt.[87] Auch wenn die Auseinandersetzung um die Sinnhaftigkeit nicht-subjektiver Prozesse des Registrierens und Kombinierens nach einer begrifflichen Differenzierung der involvierten Termini verlangt, darf das Normalverständnis davon ausgehen, dass die Explikationslast zunächst auf Seiten der Vertreter maschineller Intelligenz liegt.

(b) Als zweites Element der humanen Lebensform ist der Subjektbezug des rezeptiven und expressiven Weltverhältnisses zu betonen. Der perspektivische Reduktionismus der Mensch-Maschine-Angleichung besteht im Verlust bzw. in der Verdrängung eben dieses Bezugs. Die objektivistische Beschreibung von Sinnverhältnissen in Termini aggregierter Daten und formaler Relationen abstrahiert von deren Rückbeziehung auf das erlebende, empfindende, handelnde Subjekt, *für* welches die Dinge und Zeichen sind, was sie sind. Die Abstraktion entspricht der in der Sozialkritik variierten Entfremdungsfigur, deren Kern die Ablösung objektiver Verhältnisse von ihrem konstituierenden Grund bildet, wobei es im vorliegenden Fall nicht allein und primär um den hervorbringenden Ursprung, sondern allgemeiner den bedeutungsverleihenden Referenzpunkt geht. Der Mensch verliert die zentrale Stellung des Begriffs, von dem man nach dem aufklärerischen Credo der *Encyclopédie* in allem «ausgehen und auf den man alles zurückführen muss».[88] Der subjektlose Naturalismus resultiert in einer Entleerung, in welcher die Welt dem Menschen äußerlich und fremd wird und er sich selbst nicht mehr als Subjekt seines Lebens erfährt. Es wird im Folgenden näher zu erörtern sein, inwiefern mit dieser Ablösung ein Transparenz- und Erklärungsverlust der kognitiven Beziehung im Ganzen einhergeht.

(c) Zusätzlich zum formalen Subjektbezug sind die konkreten Dimensionen des Tuns und Erlebens zu nennen, die das menschliche Selbst- und Weltverhältnis ausmachen und die in der Assimilation von Natur und Kunst, Mensch und Maschine ausgeblendet werden. Es sind im Wesentlichen die bereits stichwortartig genannten Dimensionen der Leiblichkeit, Sinnlichkeit und Emotionalität, die in subjektives Verhalten, auch in Kognition, Urteilskraft und Orientierung eingehen, auf sie abfärben und ihre Geltung mit ausmachen. Darüber hinaus sind spezifischere Aspekte der biologischen Existenz von Belang, die pathische Veranlagung und Leidensfähigkeit, die Disposition zur Empathie und sozialen Resonanz, die sowohl zyklische wie linear-gerichtete Zeitstruktur des Lebens – alles Eigenschaften, die einem leibhaften Selbst innewohnen und einem körperlosen Substrat des ‹Denkens› und ‹Rechnens› abgehen. Weitere über den subjektiven Binnenraum hinausgehende Bestimmungen wie moralische Ansprechbarkeit und normative Verständigung sind desgleichen Bestandteil der psychosozialen Identität, die als Grundlage des Verhaltens fungiert und deren Anteil im normalen menschlichen Wahrnehmen nur schwer von den kognitiv-logischen Funktionen abtrennbar ist. Zuletzt und wesentlich gehört auch der umfassende Wirklichkeitsbezug, der Realitätssinn wie die Geschichtlichkeit und Weltlichkeit des Daseins, zur Tiefe erlebter Intentionalität. Dass vieles, was mit den genannten Aspekten zusammenhängt, so die Erfahrung von Widerfahrnissen, geteilter Aufmerksamkeit oder zwischenleiblicher Interaktion, in maschinellen Operationen nicht statthat und dass eine angleichende Sicht auf Mensch und Maschine darin notwendig reduktionistisch ist, liegt auf der Hand. Man mag das Fazit dahingehend ausformulieren, dass KI-Leistungen nicht Teil eines Lebens sind, in dem Sinne, dass Leben und personales Selbstsein nicht konstitutiven Anteil an ihnen haben. Dies schließt nicht aus, dass es immer eine Schicht der Phänomene, eine Ebene der Betrachtung geben kann, auf der beide ununterscheidbar sind. Dies genauer zu betrachten, ist Aufgabe der anschließenden Kapitel.

In alldem deutet sich an, dass die eigentlich relevante Frage, der zuletzt interessierende Fokus nicht so sehr auf die (Un-)Unterscheidbarkeit des Maschinell-Digitalen geht, sondern dem nicht-reduktiven Blick auf das Menschsein gilt. Infrage steht die Unvertretbarkeit des Selbst, die Unverzichtbarkeit des Menschen. Sie steht ex negativo, im Lichte der Herausforderung durch die neuen Technologien und ihr reduktionistisches Menschenbild zur Diskussion. Aufzuhellen ist der im technisch-artifiziellen Weltverhältnis zum Teil verdeckte, zum Teil transformierte, scheinbar überwundene Subjektbezug. Aufzuhellen ist die tiefgreifende Ambivalenz in der Transzendierung – oder konstitutiven Nicht-Hintergehbarkeit – der lebensweltlichen Verankerung maschineller Technik und Künstlicher Intelligenz. Zu verdeutlichen ist, *was* es ist, das im menschlichen Tun und Erleben gegenwärtig ist und im verselbstständigten Operieren von Automaten fehlt.

Des Näheren sind es drei Angelpunkte, von denen her das unersetzbare Selbst zur Sprache kommt: zum einen die grundlegende Reflexivität bzw. Subjektbezogenheit des bewussten Seins (siehe «Reflexivität und Ich-Bewusstsein», S. 75), zum anderen das theoretische und praktische Sich-zu-sich-Verhalten als Lebensform des Menschen (siehe «Selbstsein und existentielle Lebensform», S. 83), schließlich der umfassende Wirklichkeitsbezug des Subjekts (siehe «Zwischen Selbstverhältnis und Wirklichkeitsbezug», S. 109).

Teil 2: Der unhintergehbare Subjektbezug

Reflexivität und Ich-Bewusstsein

Bewusstsein und Selbstbewusstsein

Der Hiatus, der sich im Spannungsfeld des *homme machine,* der Maschine Mensch, auftut, trennt das dinglich Seiende vom bewussten Dasein des Menschen. Er markiert einen unüberbrückbaren Gegensatz zweier Seinsweisen. Zu den basalsten Auszeichnungen des Menschen, die ihn von gegenständlichen und künstlichen, auch humanoiden Wesen abheben, welche ähnlich wie er zu reagieren und zu handeln in der Lage scheinen, gehört das Bewusstsein. Roboter und Künstliche-Intelligenz-Systeme haben kein Bewusstsein, sind nicht bewusste Wesen. Sie haben kein bewusstes Verhältnis zu den Gegenständen, die sie registrieren und mit denen sie rechnend und interagierend umgehen, und sie haben kein bewusstes Verhältnis zu sich selbst, kein Bewusstsein ihrer selbst. Diese von den meisten als unkontrovers akzeptierten Feststellungen lassen die Frage offen, worin die positive Gestalt des Bewusst-Seins besteht.

Des Näheren sind es zwei miteinander verflochtene Fragen, die sich hier stellen: welche Art mentaler Zustand oder geistiger Akt als Bewusstsein zu definieren ist und in welchem Verhältnis Bewusstsein und Selbst-Bewusstsein zueinander stehen. Dass der Mensch im wachen Erleben und Agieren bewusst ist, das heißt in einer bewussten Beziehung zu den Dingen und zu sich selbst steht, umschreiben wir spontan so, dass ihm die Dinge explizit gegeben, gegenwärtig sind und dass er darin sich selbst präsent ist. Es ist zunächst nicht das Unbewusste, das aus dem Bewusstsein Verdrängte, sondern das Nicht-Bewusstsein, wie es den Schlaf oder die Bewusstlosigkeit kennzeichnet, das den Gegensatz zum bewussten Sein des Menschen bildet. Bewusst-Sein heißt, dass die Dinge, meine Erlebnisse, Gefühle und Vorstellungen mir irgendwie gegeben, *für* mich sind. Mit diesem Tatbestand verschränkt sich unmittelbar, dass ich darin mir selbst gegenwärtig, für-mich bin. Dass mir etwas bewusst ist, ist nicht davon ablösbar, dass ich mir bewusst bin. Das Gegenstandsbewusstsein und das Selbstbewusstsein sind nicht zwei voneinander abtrennbare Sachverhalte. Wenn der Mensch sich nach der Grundthese der Phänomenologie durch Intentionalität auszeichnet, d. h. durch das Vermögen, auf etwas Bezug zu nehmen und Gedanken über die Welt zu haben, so ist das Selbstbewusstsein nicht eine davon getrennte, darüber hinausgehende Fähigkeit. «Selbstbewusstsein» im basalen Sinn, so hält Andrea Kern mit Bezug auf Ausführungen von Matthew Boyle fest, besteht nicht darin, «auf sein eigenes Denken und Handeln reflektieren zu können», sondern ist «mit diesem Denken und Handeln selbst identisch»[89]. Es ist nicht eine Überzeugung zweiter Stufe über das Vorliegen eines mentalen Zustandes erster Stufe, sondern dessen intrinsisches Moment.

Man kann das Ineinander anhand der klassischen Formulierung explizieren, mit der Kant die ‹transzendentale Apperzeption›, die in jedem Bewusstseinsakt enthaltene Selbstbeziehung ausdrückt: als das «Ich denke», das «alle meine Vorstellungen begleiten können» muss.[90] Offenkundig besteht eine kategorische Differenz zwischen diesem Sachverhalt und den Befindlichkeiten und Operationen von Dingen und Systemen, auch wenn wir diesen selbstbezügliche Aktionen und Reaktionen zuschreiben. Das Auge, das etwas sieht, und die Kamera, die eine Landschaft aufnimmt, gehen beide von optischen Gegebenheiten aus, doch widerspricht es entschieden unserem intuitiven Verständnis, beide Vollzüge in ihrer Leistung und Qualität gleichzusetzen – das Sehen nach den physikalischen Gesetzen der Optik zu rekonstruieren (wie es Descartes in *La Dioptrique*[91] unternimmt) und die Funktion der Kamera nach dem Vorbild des wahrnehmenden Organismus als Vollzug eines Sehens aufzufassen. Das kantische «Ich denke» steht für die elementare Reflexivität, das basale Für-mich-Sein von Inhalten, Akten und Zuständen. Diese sind nicht nur in mir, sondern für mich, mir präsent, und ich bin mir selbst in ihnen gegenwärtig. Subjektives Dasein beinhaltet nicht nur, Vorstellungen zu haben, wie wir dies auch Tieren zuschreiben können, sondern ein Bewusstsein davon zu haben, Vorstellungen zu haben. Nicht nur das Gegebensein von mentalen oder neuronalen Zuständen, sondern das reflexive Bezogensein dieser Zustände auf ein Ich kennzeichnet menschliches Bewusstsein.[92] Diese Reflexivität artikuliert sich in mehreren Formen und Dimensionen, von der elementaren Selbstpräsenz bis zur komplexen Selbstvergegenwärtigung und Selbstverständigung, die je in ihrer Art in die Distinktion zwischen subjektivem und externalisiert-maschinellem Wirklichkeitsbezug eingehen.

Dem eigentümlichen basalen Ineinander von bewusst und selbstbewusst tragen Bewusstseinstheorien zum Teil in der Differenzierung zwischen unmittelbarem und vermitteltem, präreflexivem und reflexivem Selbstbewusstsein Rechnung. Ausgangspunkt ist die Tatsache, dass ich meiner selbst bewusst, mir gegenwärtig bin, ohne dass ich mir darüber Rechenschaft ablege und mich explizit auf mich beziehe beziehungsweise Zustände meiner selbst vergegenwärtige. Einen klassischen Ausdruck hat dieser Sachverhalt in Jean-Paul Sartres Konzept des «präreflexiven Cogito» gefunden. Jede bewusste Beziehung zu etwas ist danach von einem nicht-thematischen Bewusstsein seiner selbst begleitet, welches Sartre als «conscience (de) soi» beschreibt; die eingeklammerte Selbstbeziehung steht nicht für ein neues, zusätzliches Bewusstsein, sondern ist die Art und Weise, wie ein «Bewusstsein von etwas» für mich wirklich da ist.[93] Wir können dessen im Nachhinein gewahr werden, wenn wir uns fragen, was wir soeben in nicht-thematischer Einstellung getan oder wahrgenommen haben. Solches Bewusstsein geht dem reflexiven Akt voraus und ist in ihm enthalten; jedes «setzende Gegenstandsbewusstsein ist gleichzeitig nicht-setzendes Selbstbewusstsein», unterstreicht Sartre gegen das Diktum von Alain «Wissen heißt wissen, dass man weiß».[94] Das implizite Selbstbewusstsein ist notwendige Bedingung dafür, Bewusstsein von etwas zu haben, doch ohne dass damit ein ausdrückliches Wissen, eine Kenntnis von diesem Bewusstsein gegeben wäre.[95] Desgleichen ist das ‹Bewusstsein (von) sich› Grundlage des expliziten, reflexiven Selbstbewusstseins. Die in solchen Beschreibungen implizierte Differenz ist ein Fall der von Edmund Husserl gemachten Unterscheidung zwischen dem fungierenden und dem thematischen Bewusstsein: zwischen dem Bewusstsein-von, das in unseren Zuständen und Handlungen enthalten ist, ohne ausdrücklich thematisiert zu werden, und dem expliziten Gerichtetsein auf etwas. Bewusstsein und Selbstbewusstsein liegen in ihrer ersten Gestalt der reflexiven Vergegenwärtigung voraus.

Bewusstseinstheoretiker haben in diesem Sinn das vorthematische (Selbst-)Bewusstsein als Kern des Seins menschlicher Subjekte betont. Wenn wir auf Subjektivität anstelle gegenständlich-maschineller Gegebenheiten als Voraussetzung technischer Operationen zurückgreifen, so nehmen wir als Allererstes auf diesen Grundbestand des Bewusst-Seins Bezug. Dass dieses nicht je schon reflexiv vollzogen wird, sondern ursprünglich in vorreflexiver Gestalt da ist, ist die These profilierter Bewusstseinstheorien. Matthew Boyle rekurriert dazu auf den Begriff der Transparenz, Dieter Henrich spricht vom ursprünglichen Gewahren seiner selbst, Ulrich Pothast bringt den Begriff des Spürens ins Spiel.[96] Insgesamt verbindet sich damit eine Abwendung von Reflexionstheorien, welche Bewusstsein als eine höherstufige Vergegenwärtigung mentaler Zustände auffassen. Demgegenüber ist hier ein unmittelbares Vertrautsein mit sich im Blick, das ein Sich-Gegenwärtigsein und eine kriterienlose, unfehlbare Selbstidentifikation mit Bezug auf die eigenen Erlebnisse beinhaltet. Wer etwas wahrnimmt oder tut, muss sich nicht des Subjekts seiner Erfahrungen oder Taten vergewissern, sondern ist in ihnen unmittelbar sich selbst präsent und seiner selbst gewiss. Er weiß ohne Zweifel und ohne Überprüfung, dass er selbst das Subjekt bestimmter Zustände und Verhaltensweisen ist. Es ist eine Selbstgewissheit diesseits inhaltlicher Selbsterkenntnis. Der fundamentale Selbstbezug, der darin stattfindet, hat seinen Brennpunkt im Akt, nicht im Gegenstand der Selbstbeschreibung. Das Selbst-Sein ist unverzichtbares Element der Wahrnehmung als solcher.

Meinheit und Erste-Person-Perspektive

Versuchen wir diesen Selbstbezug näher zu fassen, so haben wir als Erstes die Binnenperspektive oder Erste-Person-Perspektive festzuhalten.[97] Um einen mentalen Zustand oder Vollzug in nicht-reduktiver Weise zu fassen, haben wir ihn aus dem Blickwinkel des erlebenden oder tätigen Subjekts zu beschreiben. Diese Perspektive steht nicht nur im Gegensatz zur rein funktionalen Bestimmung einer KI-Operation, sondern auch zur externen Qualifizierung ichloser Bewusstseinszustände analog der Verfassung materieller Gegenstände. Die Perspektive wird auch unter dem Titel der Meinheit umschrieben, als Bezogenheit auf ein Subjekt, welches Vollzüge und Zustände als die seinen erfährt und gestaltet.[98] Die implizite oder explizite Selbstzuschreibung ist integratives Moment der Bewusstheit, sofern diese nicht nur eine bestimmte Qualität des intentionalen Gehalts, sondern des Akts bzw. der subjektiven Disposition bezeichnet. Es gibt keine bewussten Akte oder Zustände, die nicht Akte oder Zustände von jemandem wären. Es ergibt keinen Sinn, von einer zornigen Geste oder einer lebendigen Farbimpression zu sprechen, ohne diese – sei es in unbestimmter Weise – jemandem als die seinen zuzuweisen, und diese Zuschreibung beinhaltet ihrerseits den Bezug auf eine zumindest potenzielle Selbstzuschreibung. Das kantische ‹Ich denke›, das alle eigenen Vorstellungen begleiten können soll, steht für diesen Bezug, ohne welchen, so Kants Begründung, wir mit einer Vorstellung in uns zu tun hätten, die gar nicht gedacht würde, was gleichbedeutend damit ist, dass sie «entweder unmöglich, oder wenigstens für mich nichts sein» würde.[99] Entscheidend ist, dass nicht nur das Für-mich-Sein der Vorstellungen, sondern das Für-mich-Sein des Subjekts selbst, das Ich-Bewusstsein als innerste Referenz bewusster Zustände fungiert, die mir nicht zukommen wie Eigenschaften einem Gegenstand anhaften oder Vollzüge in einem Apparat ablaufen. Auch wenn es schwerfällt, wie der Turing-Test demonstriert, von den Resultaten her zu beweisen, dass eine Äußerung von einem bewussten Subjekt stammt, bleibt unumstößlich gewiss, dass sie als bewusster Akt nicht ohne die Selbstreferenz eines Subjekts stattfindet.

Bevor wir uns im nächsten Abschnitt der existenziellen Seinsweise des menschlichen Subjekts zuwenden, ist der Subjektstatus als solcher zu spezifizieren. Er ist vorrangig als Referenzpunkt in der Zuschreibung mentaler Dispositionen und Akte in den Blick gekommen, einer Zuschreibung, die diese von den Leistungen maschineller und künstlicher Träger abhebt. Es ist gewissermaßen der Status eines transzendentalen Subjekts, von welchem her und mit Bezug auf welches menschliche Akte und Befindlichkeiten zu begreifen sind. Es ist eine formale Funktion, abgelöst von den Konnotationen des souveränen Mittelpunkts, als welcher das herrschaftliche, konstituierende Subjekt im tätigen Weltbezug fungiert. Gleichwohl sind existenzielle Bestimmungen seiner Referenzfunktion nicht fremd. Gerade als nicht-souveränes Subjekt bildet es den Bezugspunkt von Geltungen und Erfahrungen. Nach verschiedener Hinsicht ist es mit Grenzen seiner Macht konfrontiert. Es sind vorab Grenzen seiner Selbstpräsenz, des Bewusst-Seins seiner selbst, welches zumal als implizites dem intentionalen Gegenstandsbezug innewohnt. Es wird im Folgenden genauer zu erkunden sein, inwiefern das Subjekt sich selbst entzogen ist und die volle Gegenwart und Selbstidentität ihm entgleitet. Es durchdringt sich nie zur Gänze, es holt seine Absichten und Wünsche im Tun nie vollständig ein, und es bleibt auch in der reflexiven Zurückwendung immer im Verzug, ohne je in reiner Simultaneität zur Deckung mit sich selbst zu gelangen. Als zeitliches Wesen bleibt es hinter sich zurück, als pathisch-passives geht es nur partiell in den konstruktiven Vollzug ein. Als wesenhaft soziales ist sich das menschliche Selbst im Verhältnis zu Anderen und zu sich selbst «auf unaufhebbare Art und Weise ‹entzogen›».[100] Schließlich bleibt ihm auch in der Verankerung des Bewusstseins im Unbewussten und in der Fundierung der transzendentalen Intersubjektivität im «Dialog von Unbewusst zu Unbewusst»[101] die reflexive Deckung mit sich verwehrt. All dies sind Hinsichten, unter denen das menschliche Subjekt in seiner lebensweltlichen Konkretion über die formale Referenzposition des Handlungs- und Bewusstseinssubjekts hinausschießt. Gleichzeitig aber stellt es auch als defizitäres und nichtidentisches den unhintergehbaren Bezugspunkt der Lebensführung und Weltbeschreibung dar.

Auch als sich selbst nur partiell transparentes Subjekt bezieht es sich auf seine Wahrnehmungen und Handlungen als auf die seinen. In dieser Position erfüllt es die Funktionen, die dem transzendentalen Subjekt in Kants Vernunftkritik zukamen: den Rückbezug aller Leistungen und Erlebnisse auf das Ich zu sichern und darin die Mannigfaltigkeit des Gegebenen in der Einheit des Bewusstseins zusammenzuhalten.

Zusammenfassend ist festzuhalten, dass der nicht-eliminierbare Subjektbezug sinnhafter Zustände nicht nur deren Gegebensein-für-ein-Subjekt, sondern zuletzt das Für-sich-Sein des Subjekts selbst trägt, auch wenn sich dieses nicht in expliziter Reflexion auf sich bezieht, sondern nur in vorthematischer Selbstpräsenz in das Bewusstsein eines Gegenstandes involviert ist. Beides, das Für-uns-Sein der Welt und die Selbstpräsenz des Ich gehören zur ontologischen Verfassung des Menschen, die einer Maschine abgeht und die auch im bloßen Vorhandensein mentaler Zustände und intentionaler Gehalte nicht auszumachen ist. Der Subjektbezug markiert keine bloß kognitive Konstellation, sondern weist zuletzt auf ein bewusstes Selbst, das in seinem theoretischen und praktischen Selbstsein infrage steht. Der Abstand gegenüber dem Funktionieren von Maschinen und Künstlicher Intelligenz greift über die Reflexivität und Ich-Bezogenheit von Daten und Operationen hinaus. Die genauere Erkundung der Seinsweise des Subjekts kann dessen Unverzichtbarkeit und Unvertretbarkeit deutlicher herausstellen.

Selbstsein und existenzielle Lebensform

Vom Subjekt zur personalen Existenz

Im Vorausgehenden stand infrage, wieweit wir des Menschen bedürfen, um die uns umgebende Welt der Technik zu verstehen. Genauer ist es die Frage, wieweit wir auf das menschliche Subjekt, auf seine Auffassungsweise, seine Erlebnisse und Verhaltensformen Bezug nehmen müssen, um uns in nicht-reduzierter Weise auch über die Natur und Funktionsweise der Maschinen und künstlichen Operationen zu verständigen. Von der Gegenseite ist es die Frage, was in einer rein maschinellen, veräußerlichten Form technischer Prozesse, einer vom menschlichen Subjekt getrennten Funktionalität Künstlicher Intelligenz verloren geht. Die These der Unverzichtbarkeit des Menschen zielte darauf, die Subjektbezogenheit als konstitutives Element einer unverkürzten Auffassung kognitiver Operationen und praktischer Interventionen, aber auch technischer Schöpfungen und sinnhafter Gestaltungen aufzuweisen. Der Text ist nicht Text unabhängig von jemandem, der ihn gemeint, geschrieben, gelesen, interpretiert, verstanden hat. Die Maschine ist nicht Maschine in Ablösung von ihrem Wozu, das ein Wozu sowohl der Konstruktion wie des Gebrauchs, letztlich des Lebens ist. Die Rückführung mündete in die Erwägung, inwiefern nicht nur die transzendentale Referenzposition des Subjekts, sondern die konkrete Seinsweise des Menschen in die Konstitution von Sinn und Technik eingeht. Infrage steht die Stellung des realen, räumlich und sozial situierten, leiblich existierenden Menschen im Horizont seines wissenschaftlich und technisch vermittelten Weltbezugs. Zur Diskussion steht der Perspektivenwechsel vom transzendentalen Ich zur realen Person als Mitte der Existenz in Auseinandersetzung mit Digitalität und Künstlicher Intelligenz. Der kritisch vermerkte Reduktionismus meint nicht nur die Abstraktion vom Subjektbezug, sondern die Aushöhlung des lebendigen In-der-Welt-Seins.

Dessen Grundlage ist das Dasein des individuellen Menschen als konkrete Person. Der Ausgang von der Person ist keine bloß begrifflich-funktionale Voraussetzung – wie die Prämisse des Subjektbezugs als Basis von Sinngebilden und intentionalen Akten –, sondern eine ontologische Setzung, die das reale Sein des Menschen ins Spiel bringt. Die Person ist von grundlegend anderer Seinsart als eine Maschine. Personen sind, so die Umschreibung von Robert Spaemann, nicht einfach Seiende von bestimmter Art, Fälle eines Allgemeinen, sondern «auf individuelle, unverwechselbare Weise das Allgemeine selbst». Ihnen wohnt eine «innere Differenz» inne, der gemäß sie erlebensmäßig mit sich selbst und ihrem Sosein konfrontiert sind und es sich für sie in bestimmter Weise anfühlt, ein Mensch zu sein – während es für einen Computer nicht «irgendwie ist, ein Computer zu sein.»[102] Der Personbegriff ist nicht einfach ein deskriptiver Sortalbegriff, mit dem wir etwas anhand bestimmter Merkmale, etwa der Vernunftfähigkeit, einer Spezies zuordnen, sondern signalisiert den besonderen Status des für sich seienden und sich zu sich verhaltenden Lebewesens Mensch. Die grundlegende Selbstbezüglichkeit ist der Kern der ontologischen Andersheit gegenüber Dingen, die mit der Differenz von Innen und Außen einhergeht. Zugleich verbindet sie sich mit einem metaphysischen Realismus, demzufolge wir uns bei der Person – anders als bei ihren Eigenschaften – auf etwas Absolutes, Nicht-Konstruierbares und Nicht-Simulierbares beziehen, wie wir es im Besonderen in der Begegnung mit anderen Menschen erfahren.[103] Der Kontakt mit einer uns begegnenden Person, der Austausch mit einem wirklichen Menschen, so unbekannt und vielleicht unverständlich er uns sei, ist etwas zur Gänze anderes als der Umgang mit einem Roboter oder einem Computerprogramm. In beidem, der Selbstbezüglichkeit und der absoluten Seinsthese, liegt die wesensmäßige Besonderheit des Bezugs zu Personen im Gegensatz zum Umgang mit Dingen. Mit ihr geht der herausgehobene Status, die radikale Unersetzbarkeit des Menschen, die Unvertretbarkeit des Selbst einher. Um diese Stellung zu verdeutlichen, sind die verschiedenen Dimensionen des menschlichen Lebens aufzufächern und in ihrer Relevanz für das Verstehen des Menschen und seiner Welt zu befragen.

Der Mensch ist nicht nur Selbstbewusstsein, sondern bewusstes Leben. Dieter Freundlieb betont in diesem Sinne mit Dieter Henrich die «Vereinigung von Transzendentalphilosophie und Existenzphilosophie»: Die Seinsweise des Menschen erschöpft sich nicht in seiner formellen Selbstbezüglichkeit und Subjektposition, sondern schließt wesentlich ein, dass Menschen ein bewusstes Leben führen und «sich über sich selbst und ihren Ort in einem Ganzen der Welt zu verständigen» haben.[104] Schon das Lebendige als solches ist in mehrfacher Hinsicht durch Selbstbezüglichkeit charakterisiert: als ein Seiendes, das sich aus sich heraus bewegt, das sich spürt und wahrnimmt und auf seine Befindlichkeiten reagiert, das sich selbst steuert, sich gegebenenfalls verändert und perfektioniert. Darüber hinaus zeichnet sich das Leben des Menschen durch das bewusste Verhältnis zu seinen Dispositionen, Strebungen und Erlebnissen aus. Generell können wir im existenziellen Selbstsein einen theoretischen und einen praktischen Kern auseinanderhalten. Der Mensch erwirbt sich ein Bild, von dem, was er ist und was ihm zustößt, und er verständigt sich über das, was er will, wonach er verlangt und was er tun soll. Ebenso geht sein zeitliches und leibliches, soziales und weltliches Dasein in seine Identität und seine Lebensform ein. All dies gehört zum Subjektsein, das in Differenz zum Funktionieren einer Maschine, zuletzt in seiner Unverzichtbarkeit für das Sein des Menschen infrage steht.

Wenn wir zunächst die theoretisch-kognitive Selbstverständigung in den Blick nehmen, so zeigt sie sich ihrerseits als ein komplexer, mehrschichtiger Prozess. Anders als die punktuelle oder vorthematische (Selbst-)Bewusstheit, die jedem intentionalen Akt innewohnt, erstreckt sich die Selbst-Erkenntnis auf die Vielfalt der Inhalte und die unterschiedlichen Bewusstseinsformen, in denen jene vergegenwärtigt und dem Subjekt bewusst werden. Das delphische Gebot «Erkenne dich selbst» benennt einen keineswegs selbstverständlichen Sachverhalt. In welcher Weise der Mensch Kenntnis von sich und Orientierung für sich gewinnt, wie er sich an seiner Selbstintransparenz abarbeitet und wieweit er darin Klarheit über sich erlangt, ist in hohem Maße aufklärungsbedürftig. Die Introspektion, das In-sich-Hineingehen ist nur ein Initialschritt der Selbsterkundung. Die literarische Tradition der Confessiones und Autobiografien legt Zeugnis von den unterschiedlichen und verschlungenen Wegen ab, auf denen Menschen ihr Inneres zu durchdringen, ihre Herkunft, ihre Wünsche und Absichten zu ergründen suchen und Rechenschaft von sich ablegen. Mannigfach sind die Hindernisse, die sich der transparenten Selbsterkenntnis entgegenstellen – die Leiblichkeit mit ihren Leidenschaften und Begehren, die soziale Bedingtheit und Begrenztheit, die persönliche Selbstfremdheit, die verdrängten Bedürfnisse und unbewussten Konflikte, kurz, alles, was die Endlichkeit der menschlichen Natur und der individuellen Verfassung ausmacht. Selbstverständigung als Seinsweise des Menschen als eines *animal hermeneuticum* beinhaltet auf der einen Seite den nie abgeschlossenen Prozess der kognitiven Erforschung und Interpretation seiner selbst. Sie enthält auf der anderen Seite den Entwurf und die praktische Orientierung, in der es nicht nur um die Frage, wer und was ich bin, sondern darum, wer ich sein will und was ich tun soll, geht. Sich über sich verständigen und sich als ein so-und-so – ein treuer Freund, eine gute Mutter – verstehen kann eine Einsicht oder Ausdruck eines Vorsatzes sein. Im Theoretischen wie im Praktischen kann die Selbstbeschreibung zwischen erschließender Feststellung und willentlicher Festlegung hin und her gehen. In beiden Registern vollzieht sie sich nicht einfach als durchsichtiger, monolithischer Akt, sondern kann sie von Zögern und Schwanken durchsetzt sein, mehrfach ansetzen, das Selbstbild revidieren oder bestätigen, zwischen Suchen und Finden, Tasten und Entscheiden oszillieren.

Im Ganzen resultiert sie in einer Selbstinterpretation, die sich als beschreibende Vergegenwärtigung wie als konstruktiver Entwurf realisiert. Im Medium der Selbstverständigung bildet das Subjekt seine konkrete Identität aus und entwickelt eine Vorstellung von dem, was es ist und sein will. Seine Selbstexplikation ist Spiegel der Erkenntnis und konkrete Selbstwerdung. In beidem erwirbt das Subjekt jene Selbstbezüglichkeit, die dem menschlichen Weltbezug und Verständnis zugrunde liegt und die durch keine dinghafte Verkörperung und maschinelle Leistung ersetzbar ist. Dabei ist bemerkenswert, dass das unvertretbare Spezifikum der menschlichen Seinsweise nicht nur die Selbstbezüglichkeit, sondern gleichermaßen und ebenso prägnant den Wirklichkeitsbezug beinhaltet.[105] Auch darin ist der menschliche Geist nicht durch externalisierte Leistungen und Kompetenzen ersetzbar. Im Spiel sind Merkmale des Wirklichkeitsbezugs, in denen der Mensch mit anderen Personen, mit Fakten seines Lebens und der ihn umgebenden Welt, mit Bedingungen der conditio humana zu tun hat. Von Belang sind darin nicht zuletzt Differenzierungen der ontologischen und temporalen Modalität, in welcher wir uns auf die Dinge öffnen – wirkliche und mögliche Welten, vergangene und künftige Zeiten, die wir im lebensweltlichen Bezug spontan auseinanderhalten, doch im virtuellen Seinsverhältnis nicht notwendig trennen. Der Umgang mit einem fingierten und einem realen Gerichtsfall ist für eine KI-gestützte Urteilsvorbereitung anhand von Präzedenzfällen nicht verschieden, die ästhetische und ökonomische Evaluation eines Originalwerks und einer Fälschung möglicherweise dieselbe; gleichwohl sind sie für das lebensweltlich situierte Subjekt je unverwechselbar. Das Subjekt selbst tritt im Verhältnis zu anderen wie zu sich selbst als emphatisch Wirkliches auf, nicht als illusionäres Konstrukt.[106] Relevant ist zugleich die existenzielle Verankerung des Denkens und Handelns in der Leiblichkeit, in der Welterfahrung und eigenen Lebensführung, einschließlich der darin gründenden Fähigkeit zur Empathie, zur moralischen Sensibilität und stimmungsmäßigen Erschließung, zur emotionalen Stellungnahme und sinnlich-ästhetischen Wahrnehmung. Menschliches Verstehen und Verhalten ist existenziell gefärbt und unterscheidet sich darin grundsätzlich von der zweckorientierten Verhaltensform und rationalitätsanalogen Operationsweise eines Apparats.

Letztlich ist auch das Selbstverhältnis als Bezug zum eigenen Leben dem Menschen vorbehalten, der sich vernehmend-deutend oder entwerfend-konstruierend auf den Widerhall seiner Erlebnisse und den Sinn seines Lebens bezieht. Was einem Körper abgeht, der solche Resonanz mit den Dingen und in sich selbst nicht kennt, schildert in literarischer Fiktion Ian McEwan am Beispiel eines lebensecht konstruierten Androiden, der mit den Personen des Romans intensive, auch quasi-emotionale Beziehungen unterhält und der für sich selbst zuweilen «nicht nur nachdenklich», «sondern auch traurig» aussieht und über sein eigenes Dasein sinniert, von dem er nicht weiß, «wozu» es eigentlich da ist und was er «damit anfangen soll» – «manchmal kommt mir das alles sinnlos vor.»[107] Die

Selbstreferenz, die in Konfrontation mit Nichtsubjekten infrage steht, ist jenseits des formalen oder kognitiven Selbstbezugs die des existenziellen Verhältnisses zu seinem Leben, das zuletzt ein Verhältnis zum Sinn des Lebens ist. Die hermeneutische Dimension der Selbstverständigung geht über partikulare Entzifferungen und Perspektivierungen hinaus auf die Sinnhaftigkeit dessen, was im Leben und Sein des Subjekts auf dem Spiel steht. Für die artifizielle Kreatur haben die Dinge keine Bedeutung, das eigene Dasein keinen Sinn.

Wir haben die verschiedenen Dimensionen des Selbst- und Weltverhältnisses konkreter vor Augen zu führen, um die Frage nach dem unvertretbaren Subjekt deutlicher zu konturieren.

Leiblichkeit und Sinnhaftigkeit

Ein erster Kern betrifft die Leiblichkeit subjektiver Existenz. Was der Leistung Künstlicher Intelligenz ebenso wie der Aktion einer Maschine abgeht, ist die sinnliche, emotionale, werthafte Einbettung des Vollzugs in ein reales Tun und Erleben. Stattdessen wird ein vom Leben abgetrenntes, gegenständliches Geschehen in kausale und funktionale Bezüge integriert, die frei von erlebbaren Bedeutungen sind. Der Verlust der Sinndimension ist in den fraglichen Vollzügen unmittelbar greifbar: Wir wissen eigentlich nicht, wie wir die Bewegung einer Maschine, die Quasi-Handlung eines Roboters, seien sie noch so hilfreich und funktional zu unseren Bedürfnissen und Absichten passend, zu ‹verstehen› haben. Zwar scheint ein solches Ignoranzbekenntnis in den Augen der Kritik selbst legitimationsbedürftig: Wir können bekanntlich nicht ohne Weiteres sicher sein und mit neutralen Mitteln testen, ob eine bestimmte Äußerung, ein bestimmter Eingriff einem intentionalen Motiv entstammt oder nicht. Die kritische Hermeneutik mobilisiert Gegeninstanzen zur natürlichen Unterstellung, dass wir einen Akt aus der subjektiven Quelle des Handelns, einen Text von der *intentio auctoris* her zu begreifen haben. Und dennoch können wir uns, trotz Turing-Test, nur schwer von der intuitiven Überzeugung lösen, dass wir hier mit grundsätzlich verschiedenen Verursachungen zu tun haben, dass die Maschine nichts ‹tut›, dass der Schachcomputer nicht wirklich ‹spielt› und dass das KI-Programm nicht wirklich ‹denkt›. Wir mögen uns pragmatisch darauf einlassen, anstelle einer prinzipiellen Andersartigkeit je nach Fremdheit und Entfernung graduelle Divergenzen zu statuieren, um mit den Erzeugnissen des Übersetzungscomputers oder der Gedichte schreibenden Künstlichen Intelligenz angemessen umzugehen. Doch verbleibt ein eigentümliches Gefühl des Nichtwissens, das die Dichotomie zwischen prinzipieller und gradueller Differenz affiziert. Wir wissen nicht mit Bestimmtheit, auf welcher Seite der Differenz wir uns im konkreten Fall bewegen, ohne jedoch in der Überzeugung zu wanken, dass die Differenz *an sich* feststeht, dass ein Text *entweder* von einer Maschine *oder* von einem schreibenden Autor stammt, dass er das in sich sinnleere Werk einer anonymen Produktion ist oder in dem, was er sagt, *gemeint* war.

Was wir mit der Differenz verbinden, ist dies, dass die Bedeutung eine nicht nur für den Leser oder Betrachter, sondern für das erlebende und agierende Subjekt selbst ist. Es muss nicht eine propositional ausformulierbare Bedeutung sein, die ein Subjekt mit der Welterfahrung und dem eigenen Tun verknüpft. Basaler ist die von Heidegger herausgestellte Befindlichkeit, die das menschliche Sein in der Welt durchdringt und jedem Wahrnehmen und Verhalten vorausliegt. Thomas Nagels bekannte Frage «What Is It Like to Be a Bat?»[108] verweist auf eine Befindlichkeit, auf ein Sich-als-etwas-Anfühlen, wie wir es mit dem Zustand bewusster Lebewesen, jedoch nicht dem Sein einer Maschine verbinden. Eine solche Selbstpräsenz ist nur einem Wesen zugänglich, das über einen Leib und über Empfindungen verfügt. Zur basalen Ferne zwischen menschlichem Verstehen und Künstlicher Intelligenz gehört die Körperlichkeit als Herkunft, Sensorium und Resonanzraum des Wirklichkeitsbezugs. Programme haben keinen Körper und keinen eigenen Ort, sondern existieren im Internet und im Computer.[109] Zur Verlustbilanz der Digitalität gehört die Entkörperung des Geistes, die nicht durch Rekurs auf eine abstrakte Innerlichkeit, sondern durch Rückgewinnung der konstitutiven Leiblichkeit sinnlicher Erfahrung und lebendiger Ausdruckswahrnehmung wettgemacht wird.[110] Sie ist eine Grundschicht des Für-sich-Seins, aus der heraus differenzierte Verhaltens- und Ausdrucksformen sich artikulieren. Sie bildet eine Bedingung der Möglichkeit dafür, dass es Bedeutsamkeit-für-mich gibt, sowohl im passiven Erleben und Empfänglichsein für anderes, in der Bedürftigkeit gegenüber anderen wie im aktiven, nach außen gerichteten Wirken und Handeln, schließlich im Streben und Verlangen, in der grundlegenden, tragenden Gerichtetheit des Lebens, dem es, über das bloße Da-Sein hinaus, immer ‹um etwas› geht. In alledem unterliegt das Subjekt nicht nur der Bewegtheit des Lebens, sondern nimmt es in vielfältiger Weise an ihr teil und partizipiert an der Triebkraft, die in der sinnlich-leiblichen Existenz gründet und das menschliche In-der-Welt-Sein durchströmt.

Konkrete Gestalt nimmt diese Dynamik nicht zuletzt in den Facetten des emotionalen und affektiven Lebens an. Gefühle und Stimmungen sind Befindlichkeiten, in denen ich mir ganzheitlich gegeben bin, Medien der theoretischen wie praktischen Selbsterschließung im Ganzen meines Selbst- und Weltverhältnisses, gegebenenfalls motivationale Kräfte der Lebensführung und profilgebende Formbildungen meiner Wahrnehmung. Die Affektivität, so umschreibt Ursula Wolf deren hervorgehobenen

Stellenwert, ist «konstitutiv für den merkwürdig reflexiven Bezug zwischen der Person und allem anderen, dafür, dass alles für das Leben der Person eine Bedeutung hat und sie vor dem Hintergrund hat, dass es der Person um das eigene Leben und das Wie dieses Lebens geht.»[111] Solche Einbettung macht den Reichtum und die Dichte des subjektiven Seins aus, welches konstitutiv in unser Verhältnis zu anderen Menschen und unseren Umgang mit den Dingen eingeht – in all das, worin unser Können und Tun unter bestimmten Umständen durch Maschinen ersetzbar scheint, doch ebenso sehr in seiner Unersetzbarkeit infrage steht. Wenn die leiblich-sinnliche Verfassung, die Strebensnatur und die emotional-sinnhafte Gestimmtheit in einer phänomenologisch-hermeneutischen Betrachtung als grundlegende Dimensionen des Selbstseins aufgewiesen werden, so steht außer Frage, dass sie konstitutiv in die Dispositionen und Leistungen eingehen, die das originär menschliche Leben ausmachen. Dass diese zum Teil durch externalisierte Kompetenzen, Wissensbestände und Vollzüge von Maschinen, Robotern und KI-Systemen ergänzt und überboten, substituiert oder simuliert werden können, kann seinerseits die Bewunderung und den Stolz der Menschen hervorrufen, aber ebenso Verunsicherung und Irritation provozieren. Neben der posthumanistischen Vision einer Zukunft ohne Menschen ist es die im Turing-Test inszenierte und durch den informationstechnischen Fortschritt zugespitzte Unentscheidbarkeit der Autorschaft, die solcher Irritation zugrunde liegt. Zwar mag es in bestimmten Feldern, etwa der interpersonalen Beziehung oder der emotionalen Intelligenz, manifeste Grenzen und unleugbare Differenzerfahrungen geben, die das Schwanken, ob wir mit einem Menschen oder einem Automaten zu tun haben, auszuschließen scheinen; doch ist unklar, wieweit wir der Differenz im Einzelfall tatsächlich gewiss sein können. Jedenfalls ist sie nicht von außen anhand bestimmter Merkmale eindeutig zu dekretieren. Auch der natürliche

Gestus und die empathische Anteilnahme können simuliert und künstlich hergestellt sein. Und dennoch bleibt die ontologische Differenz feststehend und intuitiv unzweifelhaft, zumal vonseiten der bewussten Äußerung beziehungsweise des bewussten Erlebens. Wer eine Tür öffnet oder einem spielenden Kind zuschaut, kann nicht wirklich darüber im Unklaren sein, dass er oder sie selbst dies tut oder sieht. Es gilt nun im Ausgang von dieser Evidenz näher zu bestimmen, was die Subjektbezogenheit solcher Akte ausmacht und worin ihre Authentizität bestehen kann.

Über die Statuierung des Menschen als Subjekt, Selbst und leibliches Wesen hinaus sind drei Dimensionen des humanen Lebens zu erkunden: der konkrete Existenzvollzug, der sich im Medium des Verstehens und Sich-über-sich-Verständigens realisiert, der Wirklichkeitsbezug des Daseins, das sich auf reale Gegenstände, eine wirkliche Umwelt und lebendige Mitmenschen bezieht, und das umfassende Verhältnis zum eigenen Grund und zum Ganzen des Seienden. Mit Bezug auf das Gesamt dieser Hinsichten ist erneut die Frage nach der Verselbstständigung der Technik und der Unverzichtbarkeit des Menschen zu stellen.

Selbstverständigung und Selbstverwirklichung

Wenn wir von der allgemeinen Strebensnatur des Lebewesens zur konkreten Existenz des Individuums übergehen, so kommt diese von vornherein in der zweifachen Ausrichtung als theoretisches und praktisches Selbstverhältnis in den Blick. Der Mensch existiert so, dass er ein bewusstes Leben führt, in welchem er sich gleichzeitig über sich verständigt und ein Bild seiner selbst und der Welt erarbeitet. Man kann die Verschränkung der kognitiv-interpretativen und der praktisch-tätigen

Seite so fassen, dass man den Existenzvollzug als eine Selbstartikulation begreift, in welcher das individuelle Leben die präreflexive Antwort auf fundamentale existenzielle Fragen verkörpert, die sich dem Menschen in seinem Dasein stellen.[112] Die Selbstdeutung schlägt sich in der Lebensgestaltung nieder, wie umgekehrt die konkrete Lebensführung eine Basis der Selbstwahrnehmung und bewussten Auslegung seiner selbst bildet. Darin wird die Existenz anschlussfähig für das diskursive Denken, welches die intrinsische Reflexivität der Existenz in die argumentative Begriffsarbeit überführt und die Frage nach dem eigenen Sein analytisch und begründungsmäßig vertieft. Das komplexe Junktim von Selbstverständigung und Lebensführung bildet den konkreten Referenzpunkt, auf den die Subjektrelation im Theoretischen wie im Praktischen Bezug nimmt und der in der subjektlos-anonymen Operationsweise einer Maschine fehlt. Nicht die formale Ich-Instanz, sondern das real existierende Subjekt, der sprechende und hörende, schaffende und leidende Mensch bildet den Mittelpunkt, von dem her die Welt ihre Struktur und sinnhafte Prägung annimmt. Dies bedeutet auch, dass es nicht möglich ist, eine Handlung oder ein Dokument, deren Bedeutung wir unverkürzt erfassen wollen, rein gegenständlich in ihrer Struktur und Genese zu dechiffrieren. Zwar besteht in der Hermeneutik ein verbreiteter Vorbehalt gegen die ‹psychologische› Interpretation (so die Bezeichnung bei Schleiermacher), die eine Äußerung vom subjektiven Meinen her verstehen und einen Text auf die Mitteilungsintention des Autors zurückführen will. Doch zeigt sich umgekehrt auch das Ungenügen einer rein funktionalen oder komparativ-statistischen Lektüre, die sich des Sinns unabhängig von lebensweltlichen Resonanzen aufseiten der Sinnerzeugung und Sinnrezeption versichern will. Die hermeneutische Existenzphilosophie beharrt darauf, den Subjektbezug im menschlichen

Weltverhältnis jenseits der transzendentalen Apperzeption mit der konkreten Lebenswelt lebender Individuen zu verflechten.

Darin gewinnt die Verbindung von Selbstsein und Selbstinterpretation konkrete Gestalt. Menschen sind von sich wissende und sich interpretierende Lebewesen. Charles Taylor bezeichnet sie als «self-interpreting animals».[113] Ihr Dasein vollzieht sich als eine Selbstartikulation, in welcher, wie Boyle in Anknüpfung an Sartre formuliert, das präreflexive Selbstbewusstsein nicht als eigener kognitiver Akt, sondern als Modus des Existenzvollzugs und immanente Bewusstheit unseres Seins in der Welt fungiert.[114] Es ist eine Selbstpräsenz, die intrinsisch mit dem Leben und seiner teleologischen Bewegtheit verknüpft ist. Die Durchdringung von Selbstverständigung und realer Lebensführung kommt in einer fundamentalen Gerichtetheit zustande, die nach der aristotelischen Ethik zuletzt durch das alles Sein und Tun übergreifende Streben nach Glück definiert ist. Dem affektiven Endziel des Glücks korrespondiert im Hermeneutischen das Verlangen nach Sinn. Menschen wollen verstehen, sie wollen sich selbst und ihr Leben, aber auch die anderen und die Welt begreifen. In einer formalen Rekonstruktion kann das Glücksverlangen selbst mit dem Bedürfnis nach Sinn verbunden werden, indem die Frage, worin das letzte Glück einer Person bestehe, die Antwort findet: in einem Ereignis, einem Erlebnis, einer Sache, die für sie sinnvoll ist und ihr Leben erfüllt und lebenswert macht. So verweist der transzendentale Bezug auf das Ich, welches die Vorstellungen nach Kant begleitet und *für* welches Gegenstände sind, zuletzt auf den Menschen in seinem konkreten Lebensvollzug, in welchem er die Welt in ihrer Bedeutung erfährt. Nicht das abstrakte Ich als Zentrum der Erlebnisse und Weltbezüge und nicht nur das für unterschiedlichste Eindrücke empfängliche sinnlich-leibhafte Lebewesen, sondern der sein Leben führende und sich in seinem Leben verwirklichende Mensch ist das Subjekt, dem sich die Dinge öffnen und das die

Welt in ihrer Bedeutung erschließt. Die Betroffenheit durch die eigene Geschichte, die sich mir in vielfältigen Dimensionen sinnhaft öffnet, konkretisiert den emotional erlebten Ich-Bezug der humanen Existenz. Nach Richard David Precht sind «Gefühle, Streben, Wert- und Zeitempfinden» gerade deshalb wichtig, «weil ich sie als *meine* Gefühle, *mein* Streben und *mein* Wert- und Zeitempfinden erlebe», in denen sich meine ganze Welt- und Selbsterfahrung «um ein ‹Ich› gruppiert» – dessen «trans- oder posthumanistische» Auflösung die Menschlichkeit der Existenz aushöhlt.[115]

Indessen ist der Mensch in alledem mit der Alternative konfrontiert, wieweit er in seiner Lebensführung zu sich kommt und sich selbst findet oder aber sich äußerlich und fremd bleibt. Es ist zunächst die Frage, wieweit er in seiner Selbstwahrnehmung und Selbstbeschreibung mit sich zur Deckung kommt. Phänomenologische und hermeneutische Konzepte unterstreichen die Nichtidentität im erkenntnismäßigen und willensmäßigen Streben. Die Endlichkeit des Menschen verhindert nach mehrfacher Hinsicht in der inhaltlichen Erkenntnis und praktischen Verwirklichung die integrale Selbsttransparenz und restlose Erfüllung. Die Selbstkoinzidenz entgleitet ihm retrospektiv wie prospektiv, in der Erkundung seiner Herkunft und Bedingtheit wie im Ausgriff auf die abschließende Selbstfindung. Immer verbleibt das Selbst im Verhältnis zu sich in einem uneinholbaren Aufschub. Zwischen der unzweifelhaften Gewissheit des Ich und der Unsicherheit der tastenden Selbstsuche, zwischen dem cartesischen *Cogito* und dem sokratischen *Gnothi seauton*, besteht eine Kluft, auch wenn man darin nicht auf die Distanz fremder Modelle, sondern die komplementären Enden eines Kontinuums abhebt.[116] Infrage aber steht jenseits des Kognitiven die praktische Identitätsbildung, die zum Teil in enger Durchdringung mit der deutenden Selbstbeschreibung zustande kommt, exemplarisch im zukunftsgerichteten Entwurf oder in der narrativ-biografischen Geschichtsaneignung, in denen beiden der Mensch sich als Subjekt seines Lebens bekräftigt. All diese Modalitäten des Selbstbezugs sind Kennzeichen der genuin menschlichen Subjektstellung, die dem maschinell-artifiziellen Operieren zunächst als das Andere gegenübersteht.

Gleichzeitig aber ist sie intern mit dem Zwiespalt des Selbstseins behaftet: mit dem Spannungsverhältnis zwischen Selbstwerdung und Selbstverfehlung, in welchem der Mensch sein Leben vollzieht.[117] Ein mit sich und seinen Bedürfnissen im Einklang stehender und ein in sich entzweiter, entfremdeter Mensch erfahren sich in je anderer Weise als Subjekte ihres Lebens, als Ursprung ihres Wollens und Bedeutungszentrum ihres Weltbezugs. Dem glücklichen und dem unglücklichen Menschen begegnet die Welt in unterschiedlicher Färbung. Dabei ist in der Tieferlegung des Subjektbezugs in die existenzielle Lebensschicht zu bedenken, dass die ‹eigentliche› Lebensführung sich nicht von selbst versteht. Sartres Theorem der *mauvaise foi* wie Heideggers Konzept der Uneigentlichkeit gehen davon aus, dass gerade die Selbstverstellung und Selbstverfehlung die Normalität des alltäglichen Seins und Verhaltens ausmachen. Die Pointe dieser These liegt in unserem Kontext darin, dass durch die existenzielle Verfehlung der radikale Subjektbezug des Daseins nicht relativiert wird. Auch das in Selbsttäuschung und Oberflächlichkeit befangene Bewusstsein ist das transzendentale Zentrum seiner Welt. Auch der uneigentliche, inauthentische Mensch ist originäres Subjekt seiner Empfindungen, Urheber seines Tuns und Autor seiner Äußerungen. Um gegen die Suspendierung des Subjekts im technisch-maschinenförmigen Prozess oder im anonymen ökonomischen Geschehen Einspruch zu erheben, ist es nicht erforderlich, auf ein emphatisches Menschenkonzept, ein starkes, souveränes Subjekt und einen erfüllten, ‹eigentlichen› Existenzvollzug zu rekurrieren. Zwar kann sich das alltägliche

Leben in gesellschaftlichen Konventionen und individuellen Gewohnheiten von der bewussten Initiative ablösen und sich mimetisch einem mechanisch-gegenständlich Prozess angleichen. Dennoch bleibt es zuletzt in einem unvertretbaren Selbst verankert, von dem aus sich erst die Frage nach der Wahrhaftigkeit der Existenz oder ihrem Verfehlen stellt. Auch ein entfremdetes Leben ist ein selbst-bewusstes Leben, dessen Vorstellungen *für* das Subjekt sind und idealiter vom ‹Ich denke› begleitet werden. Kein Computer hat an diesem Leben teil. Für die Theorie bleibt die Frage, wie viel Selbstheit wir brauchen, um die Unverzichtbarkeit des Menschen zu erweisen.

Jenseits des Selbstbezugs – Welt, Andersheit, Ganzheit

Zu den signifikanten Grundzügen der Selbstheit gehört, dass sie konstitutiv in einer Selbstbeziehung gründet, doch nicht in der geschlossenen Selbstbezüglichkeit aufgeht. Sie steht in einem ebenso wesentlichen, dreifachen Verhältnis zum Anderen: zur Welt, die sie umgibt, zum fremden Menschen, mit dem der einzelne kommuniziert, zum eigenen Grund und zum Ganzen des Seienden.

(a) Heidegger definiert das menschliche Dasein als ein In-der-Welt-Sein. Nicht nur im eigenen Lebensvollzug, sondern in seinem Wirklichkeitsverhältnis existiert der Mensch als Mensch. Nicht nur die Eigentlichkeit der für sich seienden Existenz, sondern das Leben in einer Welt und mit anderen Menschen macht das humane Sein aus, das in der Unverzichtbarkeit des Menschen zuletzt infrage steht. Dabei steht die Ontologie des unvertretbaren, nicht durch eine Maschine ersetzbaren Subjekts ebenso zur Diskussion wie der Status des Gegenüber, mit dem das Subjekt Umgang hat und auf welches es sich als wirklichen Mitmenschen, als reale Umwelt und als für sich seienden Gegenstand bezieht. Kritische Beschreibungen der Leistung Künstlicher Intelligenz weisen darauf hin, dass diese über die interne Logik ihrer Rechen- und Urteilsleistung hinaus keine Beziehung zur Umwelt herstellt. Sie steht weder in einem Verhältnis zu den Personen, die in der Evaluation von Prüfungsarbeiten oder in der Vorbereitung von Gerichtsurteilen verhandelt werden, noch zu gesellschaftlichen und natürlichen Phänomenen wie Krankheiten und Wetterlagen, bezüglich derer Datenbestände abgerufen und analysiert werden. Auch die automatisierte Fahrzeuglenkung, die angesichts einer drohenden Kollision quasimoralische Entscheidungen zu treffen hat, tut dies aufgrund eingespeister Daten und Algorithmen ohne wahrnehmende Rücksichtnahme auf die betroffenen Personen und möglichen Folgen. Fraglos ist es so, dass die mithilfe von KI durchgeführte gegenständliche Registrierung, normative Klassifizierung und situative Beurteilung das menschliche Wahrnehmungs- und Urteilsvermögen in gegebenen Fällen vielfach übertreffen kann. Doch besteht, wie an früherer Stelle vermerkt, ein spontaner Vorbehalt, damit eine Abtretung der Urteilskompetenz an subjektlose Apparate und Prozeduren zu verbinden, namentlich dort, wo das Schicksal von Menschen direkt oder indirekt durch anonyme Entscheide betroffen wird.

Im natürlichen Verständnis verbinden wir mit Wahrnehmungen und Entschlüssen Akte, die für Subjekte bedeutsam sind, durch sie vollzogen und von ihnen verantwortet werden. Bei Prozessen ohne solche Subjektreferenz haben wir das Gefühl, dass etwas ‹fehlt›, jedenfalls aus der Optik persönlicher Äußerung und Wahrnehmung. Eine Liebeserklärung ist für den Autor wie die Adressatin nicht durch ein Computer-Gedicht ersetzbar. Eine lebensweltlich reale Substitution wäre in vielen Situationen des individuellen und gemeinsamen Daseins ein pathologisches Symptom. Analog kann das Defizit auch jenseits personaler Beziehungen im Welt- und Wirklichkeitsverhältnis als solchem erfahren werden. Es wäre eine anthropomorphe Überzeichnung, zu sagen, dass sich die Maschine zum bearbeiteten Material und zum produzierten Gegenstand ‹verhält› oder sich auf sie ‹bezieht›, so wenig wie sich der Übersetzungscomputer in ein Verhältnis zum Autor und zum übertragenen Text setzt oder sich auf dessen Sinn bezieht. Die Mechanik der Maschine wie die ‹Künstliche Intelligenz›[118] des Rechners operieren im Binnennetz ihrer Korrelationen und Schaltungen und verbleiben ohne genuinen Realitätsbezug – auch wenn ihre Daten, Vernetzungen und Veränderungen durch externe Gegebenheiten induziert sein können und vermittelt auf sie zurückwirken.

Im Gegensatz dazu kommt im Erleben und Verhalten von Personen die essenzielle «Welthaftigkeit» des Menschen zum Tragen. Wir sind, schreibt Wolfgang Welsch, «von Grund auf weltgeprägte Wesen» und aufgrund des «partizipatorischen» Weltbezugs erst zur wirklichen theoretischen und praktischen Interaktion mit den Dingen befähigt.[119] Der Mensch lebt wesenhaft in einer natürlichen und sozialen Umwelt, in «Interaktion mit Umweltreizen»[120], die nicht nur sein leibliches Dasein affizieren, sondern seinen spezifischen Realitätsbezug fundieren. Sein Verhältnis zu den Dingen und Mitmenschen ist durch einen grundlegenden Realismus gekennzeichnet, der beinhaltet, dass er die Erscheinung und das Ansichsein auseinanderhält, dass er die Dinge zwar perspektivisch, doch als sie selbst wahrnimmt.[121] Der Mensch verhält sich zu den Sachen selbst, nicht nur zu Konstrukten, Abschattungen oder Bildern. Er lebt unter normalen Umständen in einem emphatischen Wirklichkeitsbezug, der durch die Virtualität und Repräsentation hindurchgreift und in exemplarischer Gestalt im Verhältnis zu anderen Personen zur Geltung kommt. Dem wesenhaften Welt- und Wirklichkeitsbezug, der konstitutiv zum menschlichen Dasein gehört, doch erlebensmäßig keine Selbstverständlichkeit ist, steht der Realitätsverlust entgegen, dem das Subjekt in pathologischen Zuständen unterliegen kann.

In anderer Weise kennzeichnet die Zwiefältigkeit von Wirklichkeitsverhältnis und Weltverlust die Technik und das Artefakt selbst. Als Kreationen des Menschen partizipieren sie an der Einbettung in die natürliche und kulturelle Welt, die dem persönlichen Selbstverhältnis vorausliegt und auf dieser Basis ebenso in die Leistungen eingeht, die von Maschinen und Künstlicher Intelligenz übernommen, weitergeführt und simuliert werden. Aus der Außenperspektive ist die historische und kulturelle Bedingtheit der autonomen Produkte und Vollzüge offenkundig und in aufschlussreicher Weise rekonstruierbar. Im Blick darauf treten Momente der Gemeinsamkeit und Linien der Kontinuität zwischen menschlicher und maschineller Tätigkeit hervor. Die mit entsprechenden Daten und Programmen versehene KI kann durchaus situationsadäquat und personenbezogen, historisch und sozial angemessen, scheinbar einfühlsam und moralisch sensibel reagieren, Einschätzungen vornehmen und Entwürfe produzieren, Empfehlungen und Forderungen artikulieren. In alledem scheint sie die Grenzen der Selbstbezüglichkeit zu überschreiten und sich auf die externe und zwischenmenschliche Wirklichkeit, auch das von außen Entgegenkommende und Neue zu beziehen und darin eine originäre Realitätserfahrung zu markieren. Indessen bleibt der Realitätsindex ein schillernder Tatbestand. Seine Verankerung in einer subjekt-unabhängigen Gegebenheit bleibt hypothetisch, ungesichert gegen den Verdacht der Immanenz und der Vortäuschung. Wenn ein solcher Verdacht jedem Skeptizismus seit je innewohnt, so gewinnt er eine besondere Prägnanz in Auseinandersetzung mit der fortgeschrittensten Performanz menschlichen Hervorbringens und indirekten Leistens. Er tangiert dann nicht irgendwelche strittigen Inhalte und propositionalen Aussagen – die Frage, ob diese die Dinge selbst oder nur ihr Schema beziehungsweise unsere Projektion erfassen –, sondern deren Status. Die Inhalte können als solche ebenso interessant und erkenntnisbringend sein, ob sie aus dem Mund eines lebenden Autors oder von einer mechanischen Apparatur stammen. Hingegen markiert die Differenz, solange wir nicht zur Gänze der Ontologie einer Welt ohne Menschen assimiliert sind, für unser Erleben und unsere Wertung eine unabweisbare, entscheidende Frage. Ihre Virulenz gründet zuletzt darin, dass wir uns selbst nicht als subjektlose oder virtuelle Wesen verstehen können und verstehen wollen.

(b) Transzendiert wird das Selbstverhältnis nicht nur durch den Bezug zur Welt, sondern das Verhalten zu anderen Subjekten. Gerade darin erfährt die Virtualisierung eine entschiedene Gegenkraft und Grenze. Wie die interaktionistische Sozialtheorie in vielen Facetten nachgezeichnet hat, bildet sich das Selbst über die Anerkennung anderer und das Anerkanntwerden durch andere aus, welches beides in der leiblich verankerten, realen Beziehung zwischen Menschen gründet. Nur als verkörperte Wesen, in zwischenleiblicher Wahrnehmung und Resonanz sind Mitmenschen füreinander wirklich;[122] demgegenüber wird die KI-erzeugte Allgemeinheit ohne kommunikativen Austausch mit anderen generiert. In verschiedenen Konstellationen – vom anonymen Gespräch im Netz über automatisierte Diagnosen und therapeutische Beratungen bis zu virtuellen Kontaktportalen – wird die Fragwürdigkeit maschinell erzeugter digitaler Interaktion zum Thema. Demgegenüber meldet sich in der erlebten zwischenmenschlichen Interaktion ein direkter Einspruch gegen Fiktion und Virtualität an. Personalität, so unterstreicht Robert Spaemann, «konstituiert sich im Verzicht, den Anderen für eine Simulation» zu halten. «Liebe und Anerkennung» sind «unvereinbar mit dem Zweifel an der Wirklichkeit des Anderen»[123], wie er als Ausgangspunkt einer vom Ich ausgehenden abstrakten Bewusstseinsphilosophie fungiert. Exemplarisch sei auf Descartes' Zweifel verwiesen, ob ich durch das Fenster auf der Straße wirklich Menschen oder nur «Hüte und Kleider» sehe, «unter denen Automaten verborgen sein können».[124] Dialogische Konzepte akzentuieren die Absolutheit der Alteritätserfahrung durch die Unbedingtheit des Anspruchs, der vom Anderen her an das Ich ergeht. Doch nicht nur die radikale Forderung, auch das entgegenkommende Angesprochenwerden und zuvorkommende Beschenktsein durch Andere sind Angelpunkte der Erfahrung, in welcher wir der nicht-relativierbaren Wirklichkeit und inneren Wahrheit des Anderen innewerden. Der Ernst und die Nicht-Relativierbarkeit der Begegnung begründen die Gemeinsamkeit einer geteilten Welterfahrung, die eine Grundlage von Wahrheit bildet und zugleich eine privilegierte Kraft zur Befreiung aus Selbsttäuschung und Unwahrhaftigkeit enthält.[125] Die in der Phänomenologie herausgearbeitete transzendentale Intersubjektivität und die in neueren Sozialtheorien erforschte kollektive Intentionalität sind Prinzipien objektiver Erkenntnis jenseits der partikularen, subjektrelativen Sicht und zugleich mit einem eigenen, spezifischen Realitätsindex versehen. Die Erfahrung des Anderen markiert ein Jenseits des Scheins und steht gleichzeitig für die Unverzichtbarkeit des Subjekts im Weltbezug.

Des Näheren lässt sich die darin sichtbar werdende Nicht-Vertretbarkeit des Selbst nach zwei Hinsichten spezifizieren: einerseits im Kontrast zu nicht-subjektiven Entitäten wie Maschinen und Algorithmen, welche die Stellung des Menschen in der Welt nicht ablösen, seine Funktion in der Wirklichkeitskonstitution nicht wahrhaftig übernehmen können, andererseits im Verhältnis zu entfremdeten, entsubjektivierten Seinsformen, wie sie in der digitalen Kultur und technologisch-künstlichen Welt verbreitet sind. Es ist vielfach beobachtet worden, wie die Dominanz der Digitalität die erlebte Intersubjektivität zurückdrängt. Der permanente Blick ins Smartphone im Zugabteil bildet vielleicht eine Art geteiltes Reiseerlebnis, das aber auf Kosten realer Interaktion geht. Diese Einschätzung mag als unzulängliche Deskription und tendenziöse Abwertung aus der Außensicht gelten. In bestimmten Fällen indes scheint der Negativeffekt solcher Substitution außer Frage zu stehen, wenn das kommunikative Defizit von Subjekten als solches erlebt wird oder wenn etwa die Säuglingsforschung davon spricht, dass das Kleinkind, das sich nicht im mütterlichen Spiegel finden kann, sich im Kern als nicht mit sich identisch, sondern fremd erlebt.[126] In der digitalen Transformation der menschlichen und sozialen Welt droht Essenzielles verloren zu gehen. Der Verlust ist von anderer Art, in gewisser Weise weniger absolut, als der schroffe Kontrast, wenn menschliche Interventionen durch automatisierte Effekte oder Personen geradezu durch Apparate ersetzt werden. Umso wichtiger ist die phänomenale Defiziterfahrung in der technologisch oder ökonomisch entfremdeten Lebenswelt, die mit Mängeln und Leiden, zwischenmenschlichen Fremdheitserfahrungen, aber auch pathologischen Verzerrungen einhergeht. In ihnen wird ex negativo fassbar, was die Unverzichtbarkeit des Menschen konkret bedeutet, jenseits der formalen Subjektbezogenheit sinnhafter Erfahrung und Weltlichkeit.

(c) Eine weitere, umfassendere Transzendierung des Selbstbezugs, die den Kontrast zur subjektlosen Prozessualität vertieft, liegt im Verhältnis zum Grund und zum Ganzen. Selbstsein, das seinen Kern in der Selbstverständigung hat, erschöpft sich nicht im Wissen von sich und der Verwirklichung seiner selbst. In profilierter Weise hat Dieter Henrich den Gedanken ausgearbeitet, dass eine nicht-reduktive Verständigung des Menschen über sich im Ausgang vom Nukleus des Selbstbewusstseins den Menschen sowohl in ein Verhältnis zum Absoluten und zum Grund setzt, aus welchem das Selbst ist, wie zum Ganzen, innerhalb dessen es ist.[127] Die reflexive Selbstbeziehung öffnet sich auf ein Umfassendes hin, das dem Selbst nicht einfach als Anderes gegenübersteht, sondern seinen Grund und Horizont bildet. Selbstverständigung vollzieht sich in Durchdringung mit einer Wirklichkeitserkenntnis, die zuletzt in metaphysischen Gedanken ausformuliert wird.

In dem Maße, wie das Selbst sich in solche Dimensionen hinein öffnet, radikalisiert sich die Differenz, die es vom ichfremden, subjektlosen Geschehen und Agieren trennt. Schon als solches umgrenzt Kants «Ich denke» den Bezirk, innerhalb dessen Dinge und Ereignisse *für* das Subjekt sind, sich ihm offenbaren und ihm etwas bedeuten, und bereits diese Grenzziehung ist in der Absetzung von der gegenständlichen Seins- und mechanischen Operationsweise eine absolute. Gleichzeitig ist vonseiten des Subjekts die Vertiefung von eminenter Bedeutung, die aus der Führung des bewussten Lebens wie aus der Bezugnahme zum Grund und der Verortung im Ganzen für das Selbst resultiert und die ihrerseits in die Intentionalität seines In-der-Welt-Seins eingeht. Sie macht, über das Für-mich-Sein hinaus, den Reichtum und die Dichte meines Erlebens und Handelns aus, und sie gehört mit zu dem, was in einem automatisierten Vollzug fehlt und gegebenenfalls als fehlend wahrgenommen, als Mangel empfunden wird.

So wiederholt sich in der auf den Grund zurückgehenden, aufs Ganze ausgreifenden Artikulation des Selbst die Asymmetrie, dass wir anhand der Produkte nicht eindeutig und zweifelsfrei entscheiden können, ob sie von einem Menschen oder einem Automaten stammen, doch aus der Perspektive des erlebenden Subjekts der abgründigen Differenz gewahr werden, die beide Seinsformen radikal voneinander trennt. Ihren Kern hat die Differenz im *Für-sich-Sein der Person*, das schon in der transzendentalen Apperzeption aufscheint und dem *Für-mich-*

Sein der Phänomene vorausliegt. Die Subjekt-Bezogenheit der Vorstellungen, die deren Gegebensein vom bloßen Vorhandensein von Bildern, Daten und Relationen abhebt, beinhaltet das eigene Subjekt-Sein dessen, *dem* Phänomene gegeben sind, und dieses Subjektsein transzendiert die formale Reflexivität auf die existenzielle Lebensführung und Weltbezogenheit des Menschen hin. Wir können nicht im gleichen Sinne, wie wir auf einen Roman oder einen Mitmenschen Bezug nehmen, davon sprechen, dass Texte *für* den Computer oder ein fremdes Antlitz *für* den Gesichtserkennungsapparat sind. Die in bestimmten Situationen sich aufdrängende Unheimlichkeit der digitalen und artifiziellen Welt ist Kehrseite eines Nicht-Zuhauseseins des Menschen in seiner Umwelt. Die gegenständliche Seinsweise der Maschinen und mechanischen Prozesse bleibt der subjektiven Auffassung äußerlich und fremd. Auch wenn sie in vielerlei Weise in die soziale Lebenswelt eindringt und von Menschen verstanden, genutzt und geprägt werden kann, bleibt sie ihnen in anderer Hinsicht zuletzt unassimilierbar. Ein menschliches Dasein, das sich der Seinsweise der Techniken und Programme anschmiegt, entfremdet sich von sich selbst, wird sich selbst äußerlich. Umgekehrt verbindet sich die Bemühung um Eigentlichkeit im eigenen Tun und Sein im Innersten mit dem Interesse an einer authentischen Beziehung zu den Dingen. Wer sich in seiner Existenz verfehlt, gewinnt kein unversehrtes Verhältnis zum Anderen. Die Wahrheit des Anderen öffnet sich nur einem Subjekt, das selbst authentisch ist, sich um Wahrhaftigkeit bemüht.

Teil 3: Menschsein im Zeitalter von Digitalität und Künstlicher Intelligenz

Zwischen Selbstverhältnis und Wirklichkeitsbezug

(a) Unter divergierenden Gestalten, in zwiespältiger Erscheinung hat sich das Schicksal des Menschen im Zeitalter der Digitalität und Künstlichen Intelligenz gezeigt. Der Zwiespalt ist ein mehrfacher. Er besteht zum einen zwischen der Bejahung menschlichen Könnens und der Krise des Subjekts. Gefeiert wird die gesteigerte Kreativität, die dem Menschen unbekannte Potenziale erschließt und unermessliche Kräfte verleiht. Infrage gestellt wird sie durch ihre Krisenhaftigkeit und Labilität, die keinem von außen hereinbrechenden Unheil, keiner fremden Übermacht geschuldet ist, sondern der inneren Widersprüchlichkeit des grenzenlosen Wachstums subjektiver Macht entspringt. Zum anderen zeigt sich der Zwiespalt darin, dass auch in dieser Situation, in der Konfrontation mit der Brüchigkeit der Existenz und dem Verlust der Souveränität Aspekte der Unverzichtbarkeit des Subjekts, des unverlierbaren Selbst hervortreten. Eine unverkürzte Verständigung über den Menschen in der Gegenwart hat die Mehrschichtigkeit dieser Konstellation ernst zu nehmen und die entgegengesetzten Seiten in ihrer Spannung zusammenzudenken.

Auf der einen Seite steht die negativ-kritische Diagnose. Ihren Ausgangspunkt bildete das Verdikt vom Tod des Subjekts, das seine prägnante Formel in Foucaults, von Derrida erneuerter Rede vom Ende des Menschen gefunden hat. Sie verstand sich als Einspruch gegen ein Verständnis der Moderne, das diese im Zeichen des sich in seiner Souveränität behauptenden Subjekts definierte. Gegen die Ideen des Fortschritts und der Höherentwicklung, die dem neuzeitlichen Geschichtsideal innewohnen und sich mit der Vorstellung des herrschaftlichen Subjekts verschränken, sind die Stimmen laut geworden, welche die Krisenhaftigkeit der Zivilisation, die Fragwürdigkeit der emanzipatorischen Ideale, zuletzt den Untergang des Menschen selbst verkünden. Dabei liegt die Pointe der Umkehrung darin, dass sie nicht einer destruktiven Gegenbewegung gegen die Potenzierung subjektiver Macht, sondern gerade deren immanenter Steigerung und Verabsolutierung entspringt. Die Apotheose des Subjekts geht einher mit der Offenbarung seiner Nichtigkeit. In unterschiedlichen Versionen ist die Figur der vom Menschen selbst geschaffenen, in seinen Kreationen bewirkten Entfremdung variiert worden. Worin er seine Verwirklichung und Bestätigung finden sollte, wird zum Ort der Entrealisierung und des Selbstverlusts, in einem Prozess, in welchem sich das Mittel zum Selbstzweck verkehrt, das Ziel im unendlichen Progress entgleitet und der Inhalt in der medialen Unbestimmtheit diffundiert. Pointiert ist die Verkehrung in Formen des Ökonomischen und Sozialen gezeichnet worden, etwa in der Verselbstständigung des Geldes zum dominanten Medium des Sozialen und oder im grenzenlosen Machtstreben und nie erfüllten Besitztrieb, die in ihrer Ziellosigkeit dysfunktional werden und jede Stabilisierung und Vollendung unterlaufen. Verwandt mit diesen Figuren ist der technologische Fortschritt, der sich der rationalen Regulierung und menschlichen Formgebung entzieht und eine von humanen Zielen abgelöste Eigendynamik freisetzt.

Die der instrumentellen Vernunft innewohnende Inversion bildet ein Muster der Fremdheit digitaler Techniken und Künstlicher Intelligenz, die sich in Apparaten und Prozeduren realisieren, in welchen der Mensch nicht zu sich selbst finden und sein Streben verwirklichen, überhaupt nicht etwas im emphatischen Sinne schaffen und gestalten kann. Die Fluchtlinie trans- und posthumanistischer Visionen zeichnet den sich verlierenden und sich gegen sich selbst wendenden Progress der menschlichen Ermächtigung. Ihre Negativität äußert sich in einer mehrfachen Verlustbilanz des vom Menschen abgekoppelten, maschinellen Wirklichkeitsverhältnisses. In ihm löst sich die leibliche, sinnliche und emotionale Dimension der Beziehung zu den Dingen und Menschen auf, verflüchtigt sich die lebensweltliche Sinnhaftigkeit des Wahrnehmens und Agierens. Zuletzt verschwindet der Mensch selbst als kreativer Akteur, als Spiegel und Deuter der Welt, als Erfinder und Denker. Dystopische Visionen handeln vom Ende von Philosophie und Dichtung, ihrer Ablösung durch Automaten und künstliche Programme. Wenn auch die umfassende Verständigung des Menschen über sich und die Welt, die Hegel den Mächten des ‹absoluten Geistes› – Kunst, Religion, Philosophie – zugewiesen hatte, am Ende ohne den Menschen auskommt, ist die Geschichte des Menschen an ihr Ende gekommen.

Auf der Gegenseite haben sich in diesem Prozess Stimmen des Widerstands zu Wort gemeldet, Gegenbewegungen gegen den Sog der Selbststeigerung und restlosen Virtualisierung, in denen Spuren der nicht-eliminierbaren Humanität, Regungen der unhintergehbaren Selbstheit erkennbar werden. In ihrer elementaren Form haben sie die konstitutive Subjektbezogenheit der kulturellen Sinngebilde und zivilisatorischen Errungenschaften aufgewiesen, den irreduziblen Subjektbezug in Texten und Monumenten, in Techniken und Maschinen, in Institutionen und Geschichten herausgestellt. All diese Gebilde erweisen sich als Gegenstände, die *für* ein Subjekt sind, gegebenenfalls *durch* ein Subjekt bestehen und nicht unabhängig von dieser Verweisung in ihrer Eigenart und ihrer Funktion erfasst werden können. Was in der transzendentalen Rekonstruktion als das *Ich denke* figuriert, das alle mentalen Zustände ‹begleiten können› muss, kommt in realen historischen und sozialen Zusammenhängen in den vielfältigen Figuren zum Tragen, in denen subjektive Impulse, Betroffenheiten und Perspektivierungen in die Gegenstände eingehen und sie teils in ihrer spezifischen Art, teils ihrer individuellen Prägung zu dem machen, was sie sind.

Über die formale Subjektbezogenheit als solche hinaus sind sodann die konkreten Dimensionen des Selbstseins im Erleben und Tätigsein zu nennen, die ihrerseits für das stehen, was einem reduktiven biologistischen oder technizistischen Verständnis des Menschen und seiner Welt abgeht. Auch wenn maschinelle Operationen die menschlichen Leistungen in Schnelligkeit, Verarbeitungskapazität und Zuverlässigkeit übertreffen können, bleiben sie dem fremd, was diese Leistungen zu authentischen Akten des Erkennens, Urteilens oder Entscheidens macht. Diesen gegenüber stellen sie reduktionistische Approximationen und Simulationen dar, deren defizitäre Verfassung das Fehlende in seiner Unverzichtbarkeit hervortreten lässt – wobei das unverlierbare existenzielle Moment im Agieren und Reagieren nicht ausschließt, dass es in verselbstständigten Pseudoformationen, welche menschlichen Akten äußerlich ähneln, auftreten kann. Zur vollen Dimensionalität des Selbstseins gehören die reflexiven Vollzüge des Gewahrwerdens und Sich-Interpretierens, die einer externen maschinellen Prozessualität per definitionem nicht zugänglich sind.

(b) Komplementär zu solchen Instanzen der Selbstbezüglichkeit machen sich in der selbsthaften Existenz Außenbezüge geltend, Modi der Bezugnahme zu anderen Subjekten, zur Welt, zur Wirklichkeit als solcher. Dabei macht es einen besonderen, bemerkenswerten Zug der verhandelten Problemstellung aus, dass gerade dieses Außenverhältnis, ja, der emphatische Welt- und Wirklichkeitsbezug als solcher etwas ist, das nur in Rückbezug auf eine subjektive Intentionalität, nicht im externalisierten Binnenraum des digitalen Kalküls und automatisierten Operierens ausgemacht werden kann. Der Übersetzungscomputer bezieht sich nicht auf die Dinge, von denen der Text handelt; er setzt sich weder in ein Verhältnis zu den Menschen, mit denen er interagiert, noch zu den realen Problemen, von denen diese bewegt sind. Künstliche Intelligenz, die in administrativen Planungen und Entscheidungen Sukkurs bietet, bleibt den betroffenen Personen und ihren Lebensumständen gegenüber indifferent, es sei denn, dass auch diese Rücksichtnahme kalkulatorisch in ihr Programm integriert ist. Doch ist sie auch dann nicht in gleicher Weise wie ein urteilender Mensch erlebensmäßig, situativ und affektiv in diesen Bezug involviert, auf den realen Mitmenschen, die existierende andere Person bezogen.

Desgleichen bleibt die Schwelle zwischen wirklich und virtuell, ansichseiend und konstruiert im künstlich-delegierten Umgang mit Personen und Sachen oftmals unklar und unbestimmt. Dies bedeutet nicht nur, dass wir im Einzelfall nicht sicher sind, wieweit wir mit einem realen oder einem imaginären Problem, mit einem lebenden Menschen, einem Computerprogramm oder einem Androiden zu tun haben, sondern zuletzt auch, dass wir im Medium der digitalen Präsenz gar kein Verständnis dafür entwickeln können, was es heißt, einer Sache in ihrem An-sich, nicht nur ihrem Für-uns-Sein zu begegnen. Elena Esposito formuliert dies dahingehend, dass wir mit «wahren virtuellen Objekten» zu tun haben, «für welche die Frage der realen Realität [...] keine Frage ist.»[128] Da wesentliche Formen menschlicher Erfahrung – von der Begegnung mit Mitmenschen über ästhetische Wahrnehmung und Naturanschauung bis hin zu religiösen Erlebnissen und metaphysischen Spekulationen – darauf angewiesen sind, durch Begriffe und Schemen hindurch auf die Sache selbst ausgreifen zu können, klafft ein Abstand im Artifiziellen, den auch ein elaboriertes technologisches Programm nicht überwindet. Suspendiert bleibt, was etwa die Pointe einer Naturerfahrung ist, in welcher wir das Sich-Öffnen und Entgegenkommen der Erscheinungen erleben, die Stimmen der Natur hören und ihnen antworten. Gewissermaßen noch expliziter figuriert die Differenz in der kognitiven und propositionalen Beziehung, wenn wir ausdrücklich auf dasjenige Bezug nehmen, was eine Sache jenseits der Erscheinung an sich selbst bedeutet oder für sich selbst ist. Die seit der vorsokratischen Sprachspekulation diskutierte Frage, wieweit die Worte nur unser Gefäß und unsere Setzung sind oder die Dinge selbst offenbaren, steht analog für eine Grenze, die im kulturell-lebensweltlichen Umgang mit Technik und artifiziellen Gebilden aufbricht. In diesen verflüchtigt sich der Bezug auf etwas, das unsere Perspektiven und unseren Zugriff transzendiert.

(c) Nun liegt die Pointe der ausgebreiteten Konstellation darin, dass die Doppeldimensionalität der Subjektbezogenheit und des Wirklichkeitsverhältnisses in ihrer inneren Einheit zur Geltung kommt. Dies gilt im Positiven wie im Negativen. Dass der emphatische Subjektbezug, der Aufweis des unhintergehbaren Selbst, als Grundlage für die Bezugnahme auf das Andere des Subjekts, auf fremde Individuen und auf die Welt fungiert, ist Kehrseite der Drohung des zweifachen Sich-Abhandenkommens im Selbstverlust und Realitätsverlust. Die initiale Leitfrage nach der Unverzichtbarkeit des Menschen weitet sich aus zur Frage nach der Präsenz des Wirklichen im menschlichen Tun und Erleben. Vom lebenden Subjekt aus wird der Zirkel der virtuellen Binnenbezüge, in dem sich die Logik der Künstlichen Intelligenz bewegt, aufgesprengt. Die Rückgewinnung des Wirklichen geht einher mit der Selbstvergewisserung des Subjekts. Der Aufweis der Subjektbezogenheit maschineller Operationen und intentionaler Gegenstände mündet nicht in einer autistischen Selbstabschließung, sondern ist Bedingung der Öffnung auf das Andere des Selbst. Es sind nicht zwei verschiedene Verhältnisse, die in der Auseinandersetzung um Künstliche Intelligenz infrage stehen, nicht zwei unterschiedliche Sphären, zu denen wir in einer authentischen Existenz Zugang gewinnen und die uns in der entfremdeten Äußerlichkeit der Technik verschlossen sind. Es sind zwei Wesensdimensionen des menschlichen Seins, die unter sich konstitutiv verschränkt sind und deren Ganzes an der Schwelle zur Künstlichkeit infrage steht.

Dabei ist die Feststellung wichtig, dass die Doppeldimensionalität des Subjekt- und Weltbezugs sowohl für den Umgang mit Künstlicher Intelligenz wie für das Medium der Digitalität virulent wird. Infrage steht nicht nur, wieweit wir der Subjektposition im Umgang mit elaborierter und externalisierter Technik enthoben werden, sondern auch, inwiefern uns in der digitalen Welt ein wirklicher Weltbezug, ein erlebtes Wirklichkeitsverhältnis abhandenkommt, welches den Bezug zu anderen Menschen und realen Sachverhalten wie zur eigenen Innenwelt einschließt. Die Leiblichkeit und Welthaftigkeit des Menschen ist für sein Selbstverhältnis wie für den Umgang mit Gegenständen gleichermaßen konstitutiv. Die Ablösung lebensweltlicher Kommunikation durch digitale Vernetzung wie die Aushöhlung sinnlicher Erfahrung durch mediale Vertretung sind Momente eines Irrealwerdens, in denen wesentliche Momente erlebter Selbst- und Welterfahrung verloren gehen. Es sind Momente eines Verlusts, in denen die Selbst- und Weltpräsenz des Individuums sich verflüchtigt und das Dasein dem Menschen in gewisser Weise äußerlich, er sich selbst fremd wird.

In diesen Beschreibungen deutet sich an, inwiefern die Doppeldimensionalität von Selbst- und Weltbezug durch ein Drittes zu ergänzen ist, in dem beide Bezüge fundiert sind. Es ist die Dimension des Intersubjektiven, der zwischenmenschlichen Beziehung, in welcher sowohl das Selbstverhältnis wie der Wirklichkeitsbezug sich realisiert. Emphatische Sozialtheorien des letzten Jahrhunderts, zwischen dialogischer Philosophie (M. Buber, E. Levinas) und Theorien der Sozialisation (G. H. Mead, E. H. Erikson), haben darauf insistiert, dass das Verhältnis zum Anderen dem Selbstverhältnis vorausliegt und das Subjekt vom Anderen her sowohl die Welt erschließt wie zu sich selbst kommt. Umgekehrt bedeutet dies, dass die entfremdete Sozialität, das Aufgehen im Unpersönlich-Anonymen, gleichzeitig das authentische Welt- wie Selbstverhältnis unterminiert. Die Sphäre des Gesellschaftlichen ist sowohl ein privilegierter Ort der Lüge und Simulation wie eine Quelle von Wahrhaftigkeit; die Interaktion und das Gespräch sind originäre Ressourcen der Überwindung von Selbsttäuschung und Uneigentlichkeit.[129] In der Begegnung von Angesicht zu Angesicht mache ich eine Erfahrung, in welcher die Ambivalenz des Umgangs mit automatisierten Programmen und Avatars sich verflüchtigt. Gehaltvolle Formen der Anerkennung verleihen dem Selbst Würde und innere Stabilität und eröffnen ihm einen ursprünglichen Zugang zu den Dingen und zur Welt. Das gelingende Mitsein wird darin zum Kern eines nicht reduzierten In-der-Welt-Seins und erfüllten Selbstseins.

Entfremdung und Zeitkritik

In alledem tritt die Problemdimension hervor, innerhalb deren Künstliche Intelligenz und Digitalität anthropologisch zur Diskussion stehen. Beide stellen den Menschen in den Möglichkeiten und Anforderungen seiner Existenz infrage. Sie werfen das Problem des gelingenden oder verfehlten Lebens auf, sie vergegenwärtigen den Menschen im Spannungsverhältnis zwischen wahrem Selbstsein und existenzieller Selbstentfremdung. Die normative Frage nach dem guten Leben, nach dem wahrhaftigen, eigentlichen Sein des Menschen bildet den nächstliegenden Horizont, innerhalb dessen die Potenziale, aber auch die Grenzen und Bedrohungen von Digitalität und Künstlicher Intelligenz vermessen werden. Gleichzeitig stehen sie in einem geschichtlichen Rahmen zur Diskussion, der seinerseits zweifach bestimmt ist, als Verortung im übergreifenden Entwicklungsprozess der Moderne und als aktuelle Zeitdiagnose.

Es ist im Ganzen ein dreifacher begrifflich-historischer Kontext, in welchem die Stellung des Menschen im Zeitalter der Künstlichen Intelligenz abschließend zu betrachten ist. Zum einen ist es der Horizont einer systematischen, hermeneutisch-existenzphilosophischen Reflexion, die sich über Bedingungen des Menschseins als solches verständigt (a). Zum anderen ist es eine historische Perspektive, welche den Umgang mit Digitalität und Technik in einer zeitkritischen Diagnose untersucht und im Horizont der grundlegenden Veränderungen des menschlichen Seins in der Geschichte zur Diskussion stellt (b). Schließlich ist es der konkrete Bezug zu den Möglichkeiten, Problemen und Gefahren, die der Künstlichen Intelligenz und anderen fortgeschrittenen Technologien innewohnen und die für die Existenz in der Gegenwart eine neuartige, singuläre Herausforderung darstellen (c).

(a) Die existenzphilosophische Reflexion, wie wir sie bei prominenten Autoren des vergangenen Jahrhunderts ausgearbeitet finden, besitzt für die hier entfaltete Problemstellung gerade darin ein besonderes Interesse, dass sie die conditio humana in einer Doppelperspektive zur Diskussion stellt: im Blick auf die fundamentale Dichotomie von erfülltem Selbstsein und Selbstverfehlung, Eigentlichkeit und Entfremdung, und im Blick auf die geschichtlich-kulturelle Verortung, worin sich die Existenzanalyse mit einer Zeitdiagnose verschränkt. Nach beiden Hinsichten gewinnt die menschliche Realität durch die Fragestellungen der Digitalität und der Künstlichen Intelligenz ein besonderes Profil, das vielfachen Anlass für Rückfragen, aber auch für kontroverse Beschreibungen und

Stellungnahmen bietet. Es sind zwei Aspekte, die in der klassischen Existenzphilosophie des 20. Jahrhunderts nicht in gleicher Weise präsent sein konnten wie die Ideen der Angst, des Schicksals oder der Sterblichkeit. Erst später haben sich Digitalität und Künstliche Intelligenz in dieser Weise als faszinierende wie beunruhigende Phänomene herauskristallisiert. Gleichwohl stehen sie in bemerkenswerter Affinität zu leitenden Intuitionen und aufschlussreichen Erörterungen zentraler Autoren, sodass es durchaus lohnend ist, sie vor dem Hintergrund existenzphilosophischer Ansätze zur Technikphilosophie oder zu Konzepten der Eigentlichkeit und der *mauvaise foi* zu diskutieren, die ihnen ein zusätzliches Profil verleihen. Die Affinität ermöglicht eine spezifische Lektüre ihrer existenziellen Bedeutung und historischen Aktualität.

In systematischer Hinsicht geht es wesentlich darum, ihre lebensweltliche und normative Ambivalenz zu reflektieren. Technik, Digitalität, Künstliche Intelligenz haben sich als Fortschritt wie als Entfremdung, als Gewinn und als Verlust im Dasein der Menschen erwiesen. In ihnen verwirklicht sich das moderne Individuum und verliert es sich, entfaltet es genuine Potenziale und läuft es Gefahr, seiner Substanz verlustig zu gehen. Dabei geht es nicht einfach darum, zwei entgegengesetzte Seiten eines kulturellen Phänomens zu beleuchten, sondern es gilt, einer fundamentalen Ambivalenz, einem Zwiespalt im Umgang mit den Schöpfungen des Menschen gerecht zu werden. Es ist ein Zwiespalt, der nicht nur die existenzielle Färbung der genannten Phänomene, unser Bild der digitalen und technischen Welt affiziert, sondern die Seinsweise des Menschen selbst durchdringt. Wieweit wir als Bewohner der digitalen Welt, als Schöpfer und Nutzer von Technik, als Autoren und Adressaten von Künstlicher Intelligenz originär als wir selbst existieren oder bloße Interferenzpunkte in objektiven Funktionszusammenhängen sind, steht uns nicht ohne Weiteres klar vor Augen und obliegt nicht zur Gänze unserer Entscheidung. Wieweit das subjektive Tun und Erleben in der technisiert-digitalisierten Welt sich verflüchtigt oder als unverzichtbare Referenz und Ressource bestehen bleibt, hat eine phänomenologische Beschreibung aus subjektiver wie objektiver Sicht im Einzelnen zu erkunden. Dabei kann sich die Erkundung nicht auf eine anthropologisch-deskriptive Feststellung beschränken. Sie ist mit einer evaluativen Beurteilung verschränkt, die zuletzt aus der Perspektive des sein Leben führenden, sich kritisch über sich verständigenden Subjekts erfolgt. Die Ambivalenz ist die des Selbstseins, des Selbstsein-Könnens ebenso wie des Selbstsein-Wollens.[130] Infrage steht nicht nur, ob ein digital-technisches Gebäude ohne subjektiven Impuls und menschliche Resonanz denkbar ist, sondern auch, wieweit der Mensch darin zu einer authentischen, selbstbestimmten Existenz in der Lage ist; es ist die Frage, inwiefern er zu einer solchen verpflichtet, motiviert und befähigt sein soll, wieweit er sich in der Welt einrichten und eine zeitgemäße Lebensform finden kann und will. Die Spannweite des teils unentschiedenen, teils dezidierten Umgangs mit Wahrhaftigkeit, Indifferenz und Selbsttäuschung durchdringt den Raum des Technischen und Künstlichen. In ihm entscheidet sich nicht nur, inwiefern der Rekurs auf den Menschen in der artifiziellen Welt unausweichlich, die Dimension des Subjektiven unhintergehbar ist, sondern auch, inwiefern die Selbstvergewisserung des Menschen notwendig unter normativen Prämissen, im Zeichen der Eigentlichkeit zu stehen hat. Das Pathos des Selbstseins steht in eins mit der Unverzichtbarkeit des Menschen infrage.

(b) Komplementär zur strukturellen Verfassung und normativen Geltung rückt der historische Index in den Blick. Zur Vertiefung der begrifflichen Analyse hat sich die Kontextualisierung im Rahmen philosophischer Diskussionen zur Technik und Zeitdiagnose nahegelegt. Eine klassische Vorlage, die schon für die Frage der Eigentlichkeit ein profiliertes Konzept formuliert, bieten die Schriften von Martin Heidegger. Sie verdeutlichen exemplarisch, dass das Problem der Technik nicht isoliert im leeren Raum, sondern in seiner geschichtlichen, kulturellen und philosophiehistorischen Situierung zu betrachten ist. Im Gegenzug zum landläufigen Verständnis geht es Heidegger darum, die Technik nicht einfach als instrumentelles Verhalten und praktische Anwendung wissenschaftlicher Erkenntnis, sondern als originäre Form des Seinsverständnisses und menschlichen Weltbezugs zu explizieren. Deren Eigenart sieht er darin, jenseits des bestimmten, begrenzten Gegenstandsbezugs Potenziale und Ressourcen zu erschließen und in Umkehrung der natürlichen Zweck-Mittel-Relation Möglichkeiten zu steigern, letztlich in einer ziellosen Kreisbewegung, die sich zum autonomen und übermächtigen, über die menschliche Initiative herrschenden Prozess verselbstständigt. Die These konvergiert mit einer klassischen Verkehrungsfigur der Sozialkritik, wonach der Mensch der von ihm ausgehenden Prozessualität unterworfen wird, in welcher er zuletzt nicht mehr als Handlungssubjekt wirkt, sondern als gegenständliche Funktionseinheit, gegebenenfalls als Rohstoff oder Züchtungsmaterial vorkommt. Wichtig ist die holistische Perspektive der Beschreibung, in welcher die Eigendynamik des Technischen mit tieferliegenden «Wesenskräften» des Zeitalters zusammenspielt und nach Heideggers Lesart letztlich in einem ‹seinsgeschichtlichen› Grundvorgang, dem «Geschick des Seins selbst» wurzelt.[131] Auch wenn wir Heideggers fundamentalistische Lesart nicht übernehmen, bleibt die von ihm mit vielen kultur- und geschichtskritischen Ansätzen geteilte Mehrdimensionalität bedeutsam, in welcher gesellschaftlich-zivilisatorische Phänomene mit der Prägung von Sprach- und Denkformen einhergehen und historische Konstellationen in ihren kategorialen und denkgeschichtlichen Prämissen fassbar werden. Die Kritik der instrumentellen Vernunft hebt auf Grundzüge des Denkens und Verhaltens ab, die in der Moderne in besonderer Weise hervortreten und sich in deren subjektivistisch-herrschaftlicher Grunddisposition, aber auch in Verzerrungen und Verkehrungen der Lebenswelt, in individuellen und sozialen Entfremdungsphänomenen niederschlagen.

Lehrreich ist der Blick auf die philosophische und kulturwissenschaftliche Technikkritik generell darin, dass sie in eins mit der strukturellen Beziehung des Menschen zur Technik deren historischen Ort zur Diskussion stellt. So zeichnet sich Heideggers Konzept durch einen radikal geschichtlichen und grundlegend kritischen Ansatz aus. Auch andere Autoren verstehen die Auseinandersetzung mit dem technischen Weltverhältnis als Teil einer systematischen Zeitdiagnose, deren zweifachen Bezugsrahmen die Modernitätskritik und die damit verflochtene neuzeitlich überhöhte Subjektidee bilden. Wenn wir die Folie der historischen Betrachtung für ein vertieftes Verständnis von Digitalität und Künstlicher Intelligenz nutzen wollen, so haben wir als Erstes die Modernitätsdiagnose ernst zu nehmen, die in der zweifachen Spitze, im Blick auf die Errungenschaften wie die Zerstörungen, den Rahmen einer kritischen Verständigung über die gegenwärtige Welt bildet. Zeitanalytische Kulturtheorien haben Rimbauds Satz «Il faut être absolument moderne»[132] als programmatische Devise rezipiert. Die radikale Gegenwartsbesinnung ist Vorbedingung einer authentischen, wahrheitsfähigen Selbstverortung.

In seiner kritischen Version ist der Blick auf die Moderne, wie in der Idee des Posthumanismus signalisiert, durch ein mehrfaches Nachher und Nicht-mehr gerahmt.[133] Die moderne Identität situiert sich jenseits des starken Subjekts, nach der Ära des substanziellen Sprach- und Vernunftverständnisses, des emphatischen Wirklichkeitsbezugs. Zum gemeinsamen Tenor der Modernitätsdiagnosen seit dem Aufkommen der sogenannten Post-Moderne in den 1980er-Jahren gehört die Überzeugung, dass der anspruchsvolle Vernunftbegriff, der das moderne Denken bis zum Kulminationspunkt im Deutschen Idealismus bestimmt hatte, seine Glaubwürdigkeit und kulturelle Tragfähigkeit eingebüßt hat. Wir denken nicht mehr von ersten Ursprüngen her und auf letzte Abschlüsse hin. Unsere Verständigung orientiert sich nicht notwendig an der vollendeten Form und erfüllten Ganzheit, sondern sucht auch mit dem Fragmentarischen, Kontingenten und Haltlosen zurechtzukommen. Zum Teil wird die metaphysikkritische Abwehr von Totalisierung und Fundamentalität, das Ende der großen Erzählungen und Letztbegründungen, geradezu zum Leitmotiv eines anderen, subvertierten Sprechens und Denkens. Die Abkehr wird in variierender Gestalt und Radikalität vollzogen. In pointierter Zuspitzung findet sie sich erneut bei Nietzsche, dessen Diktum «Tatsachen gibt es nicht, nur Interpretationen»[134] zum Emblem einer Geisteshaltung geworden ist, die nicht nur auf das Subjekt als Entscheidungsinstanz über wahr und falsch setzt, sondern die Ideen von Objektivität und Wahrheit als solche unterlaufen will – im Gegenspiel zu jenen «klugen Tieren», die in der «verlogensten Minute der ‹Weltgeschichte›» einst das Erkennen erfunden hatten.[135] Infrage steht in solcher Antithese nicht allein die Autorität bestimmter Moralvorstellungen und verbindlicher Weltbilder, sondern das Fundament starker Überzeugungen überhaupt. Der radikale Konstruktivismus unterminiert die Glaubensgewissheit, die von festen Fundamenten und klaren Wahrheiten ausgeht, und steht in innerer Affinität zu jenen Erschütterungen, die von neuen Techniken und Künstlicher Intelligenz ausgehen. Im Spiel ist eine Transformation des Wirklichkeitsverständnisses, die mit dem zivilisatorischen Wandel unsere Selbstwahrnehmung durchdringt. Die virtuelle Diffusion und digitale Entkörperung der Dinge zersetzt das metaphysische Bild der an sich seienden Welt. Die Entsubjektivierung der artifiziellen Vernunft löst den festen Ausgangspunkt des Wissens und Sprechens auf.

Die um diese Motive zentrierte Zeitdiagnose lässt die kritische Wahrnehmung der Moderne in spezifischer Weise mit Phänomenen der Digitalität und der Künstlichen Intelligenz konvergieren. Sie artikuliert einen besonderen Aspekt in der Krise der abendländischen Vernunfttradition, worin deren Ideale und Erwartungen brüchig werden und das Fundament unseres Wirklichkeits- und Selbstverständnisses untergraben. Sie ist den Perspektiven verwandt, die in gesellschaftskritischen Entfremdungstheorien in den Vordergrund rücken, welche im Besonderen auf die Sphären der Ökonomie, der Technik und der Verwaltung abheben und etwa unter dem Stichwort einer «Kolonialisierung der Lebenswelt»[136] die Übermacht objektiver Systemzwänge über subjektiv erfahrene und intersubjektiv geregelte Lebenszusammenhänge anzeigen. Das Fremd- und Anonymwerden der Welt, in welcher wir leben, wird in verschiedenen Sphären und Abschattungen, unter denen prominent die genannten Phänomene figurieren, als Selbstverlust, je nachdem als Fremdherrschaft erfahren; Harald Welzer nimmt auch die Konjunktur der Digitalisierung geradezu im Zeichen einer Kolonialisierung der Lebenswelt wahr.[137] Die im Blick auf Digitalität und Technik artikulierte Entfremdung ist Fokus einer kulturtheoretisch generalisierten, anthropologisch fundamentalisierten Negativdiagnose, die um die Brennpunkte des Wirklichkeits- und Selbstverlusts angelegt ist. Sie bildet den Resonanzraum, in welchem eine heutige Auseinandersetzung um beide Phänomene stattfindet.

(c) In einer noch radikaleren Weise wird die Problematik von Digitalität und Künstlicher Intelligenz zum Thema, wenn diese nicht nur in den allgemeinen Horizont der Moderne eingefügt, sondern in direkter Konfrontation mit den unermesslichen Potenzen und abgründigen Risiken, die ihnen innewohnen, wahrgenommen werden. Zugrunde liegt die Überzeugung, dass sie nicht nur ein weiteres Glied in der Abfolge menschlicher Techniken bilden, sondern für einen in seiner Tiefe und Weite unvergleichlichen, zugleich irreversiblen und umfassenden Entwicklungsschritt stehen. Jenseits der zivilisatorischen Umbrüche und Neuerungen, die den normalen Gang der Menschheitsgeschichte strukturieren, geht es um ein grundlegend Anderes und Neues, das zwar vielfach nicht als solches erkannt, sondern in die Turbulenzen der Normalität abgedrängt wird, das aber in den Augen kritischer Betrachter einen schlechthin singulären Vorgang verkörpert. Er zeigt eine «seismische» Veränderung und einen radikalen Wendepunkt an, an welchem die Zukunft zwischen «unvergleichlichen Möglichkeiten» und «unvorstellbaren Gefahren» oszilliert und «das Schicksal der Menschheit» als ganzes auf dem Spiel steht. In solchen Worten umschreibt Mustafa Suleyman die säkulare Herausforderung der Künstlichen Intelligenz.[138]

Die apokalyptische Vision ist in seiner vielschichtigen Analyse im Bild einer «kommenden Welle»[139] gezeichnet, worin er die schon in früheren Konstellationen fassbaren überwältigenden und unaufhaltsamen Prozesse generalisiert, die in verschiedenen Epochen die etablierten Verhältnisse überformt und das Schicksal der Menschen bestimmt haben. Hervorgehoben ist damit ein allgemeiner Zug der technologischen Innovationen, der in der aktuellen Situation – exemplarisch in der zweifachen Ausbildung von Künstlicher Intelligenz und Gentechnologie – ein bisher unbekanntes, unvergleichliches Format angenommen hat, das nicht zuletzt aufgrund der leichten Zugänglichkeit und allgemeinen Verbreitung des Wissens mit einem außergewöhnlichen Gefährdungspotenzial einhergeht.[140] Die Gefährdung liegt sowohl in der Möglichkeit des böswilligen und destruktiven Gebrauchs der neuen Technologien wie in der – über Jahrhunderte fiktiven, jetzt zunehmend realen – Entwicklung autonomer Systeme, die sich der menschlichen Kontrolle entziehen. Bedrohlich ist die Beschleunigung und Ausbreitung der Macht, die im Falle der KI auch darin liegt, dass nicht einfach eine neuartige Technik neben anderen, sondern gewissermaßen eine Meta-Technik geschaffen wird, die alles andere durchdringen und in den verschiedensten Wirkfeldern als «größter Machtverstärker der Geschichte» fungieren kann.[141] Die unheimliche Drohung der kommenden Zeit, die uns in der Klimakrise oder in der weltweiten Aufrüstung vor Augen tritt, liegt im Besonderen auch darin, dass das säkulare Versprechen der Technologie, das menschliche Leben zu verbessern, wobei die Vorteile die Kosten und Nachteile bei Weitem überwiegen, «auf grausame Weise ins Gegenteil verkehrt» wird.[142] Im Blick auf die einzigartige Macht der neuen Technologie und die rasante Ausbreitung der ‹kommenden Welle› scheint deren wirkliche Beherrschung illusorisch. Gefordert ist indes eine Eindämmung, die schon für sich eine nicht nur außerordentliche technologische, sondern auch soziale und politische Herausforderung darstellt. Auch wenn die begrenzende Kontrolle auf den ersten Blick nicht möglich scheint, gibt es nach Suleyman keine wirkliche Alternative dazu, dass sie möglich *sein muss*, soll die Menschheit das große Dilemma des 21. Jahrhunderts meistern.[143]

Mit diesen Beschreibungen kommt eine neue Perspektive zum Tragen, welche die existenzphilosophische Diskussion des Umgangs mit den neuen Technologien ergänzt und vielfach ablöst. Infrage steht nicht allein und nicht vorrangig, wieweit der Mensch in der Auseinandersetzung mit Künstlicher Intelligenz und generell unter der Herrschaft von Medialität und Technik frei und authentisch leben kann. Brisanter wird die Frage, wieweit er mit den Folgen des unabsehbaren Wandels umzugehen, ihre drohende Destruktivität abzuwenden in der Lage ist. Kein Eigentlichkeitsproblem, sondern die reale Zukunftsbewältigung wird zur existenziellen Grundfrage. Sie wird es angesichts der extremen Bedrohung durch die verselbstständigte Technologie und der gleichzeitigen ultimativen Forderung, die damit an das Individuum und an die Gesellschaft gestellt ist. Unübersehbar zeigen sich die harten Grenzen und dystopischen Tendenzen des technologisch-zivilisatorischen Fortschritts, im Blick auf die Erhaltung der Natur und die Sicherung des Weltfriedens ebenso wie im Blick auf die Ernährung der Weltbevölkerung – kulminierend in der Ungewissheit, ob die Menschheit künftig überhaupt noch «an der Spitze der Nahrungskette» stehen wird.[144] Szenarien, wie sie bisher mit Science-Fiction in Verbindung gebracht wurden, werden zu Gegenständen realer Sorge und ernsthafter Auseinandersetzung um das Schicksal der Menschen. Auf dem Spiel steht nicht weniger als das Gedeihen und Überleben der Spezies. Es ist eine Zuspitzung, wie sie schon Jahrzehnte vor der Verbreitung von Digitalität und Künstlicher Intelligenz mit dem Negativpotenzial der Technik, namentlich der Nukleartechnik, assoziiert worden ist. Die singuläre Bedrohung ist sowohl durch den Abgrund der totalisierten Destruktivkraft wie den ultimativen Charakter der Katastrophe definiert, die den Eintritt einer letzten, unüberholbaren Endzeit markiert, einen epochalen Bruch, der sich nicht mehr in einen transzendierenden Epochenwechsel in der Weltgeschichte fügt. Es ist eine apokalyptische Vision, die Günther Anders mit der fortgeschrittenen industriellen Revolution, Karl Jaspers mit dem säkularen Ereignis der Atombombe verbindet.[145] Das Ultimative ist ein gemeinsamer Charakter mit der Herausforderung durch den technologischen Progress. Es umreißt den Horizont, in dem sich der Mensch im Zeitalter der Künstlichen Intelligenz zuletzt über sich und die Welt zu verständigen hat.

Die Ambivalenz der technischen Welt und die Unverzichtbarkeit des Menschen

Die in alledem angezeigte Entwicklung offenbart eine tiefgreifende Ambivalenz in der heutigen, technikbestimmten Welt. Es ist eine Ambivalenz, die sich auf der einen Seite im subjektiven Erleben und Handeln äußert, in der Art und Weise, wie wir Technik erfahren, wie wir ihr ausgeliefert sind und uns auf sie abstützen, uns in ihr verwirklichen oder uns fremd werden. Zum anderen ist es ein Zwiespalt in der objektiven Gegebenheit des Technischen, im nicht-kontrollierbaren Gang des technischen Prozesses zwischen Fortschritt und Zerfall, Heil und Zerstörung. Die Ambivalenz lässt sich nicht einfach unter der im Vorigen angeführten Negativbilanz verbuchen. Sie geht nicht auf in Phänomenen der inneren Entfremdung und äußeren Gefährdung, sondern steht für eine Konstellation, in der affirmativ-lebensbejahende Potenziale und destruktiv-regressive Tendenzen nebeneinanderstehen, sich ablösen, sich überschneiden und vielfältig durchdringen.

Zunächst bedeutet die Ambivalenz die Zweiseitigkeit, die darin besteht, dass wir in beiden Welten leben. Wir haben an digitalen und nichtdigitalen, natürlichen und technologischen Formen des Erlebens und Verhaltens teil. Es sind zwei Formen, die in unserem Leben je für sich zur Geltung kommen und in ihrer Eigenart nebeneinander bestehen. Wir haben die Doppelung als Faktum anzuerkennen und in ihrer Relevanz ernst zu nehmen, einschließlich der Problematik, die der progredierenden Entwicklung der Technologie innewohnt, auch dort, wo ihre Folgen irritieren können – wenn sich der beste Film eines Festivals als KI-Produkt herausstellt oder KI-generierte Publikationen auf dem Buchmarkt erfolgreich mit Schriftstellerwerken konkurrieren, bis hin zum projizierten Fluchtpunkt, wo ein wesentlicher Teil der Kultur durch Künstliche Intelligenz geleistet wird, am

Ende auch die Philosophie überflüssig und funktionslos wird. Wie wir solche Entwicklungen erleben und einzuschätzen haben, ist zum erheblichen Teil eine empirisch-historische Frage, abhängig vom Urteil darüber, zu welchen Anteilen, in welcher Konsequenz und Tiefe in der Tat Nivellierungen und Substitutionen drohen oder real stattfinden. Die nüchterne Empfehlung, sie ungerührt zur Kenntnis zu nehmen oder gar das humanistische Kontrastbild ohne Trauer zu verabschieden, kann nicht über das Unheimliche hinwegtäuschen, das ihnen in vielen Fällen anhaftet. Realistischer ist die pragmatische Devise, die hilfreiche Unterstützung durch die Technik zu nutzen, wo sie unkontrovers ist und die Stellung des Menschen als disponierendes Zentrum, das über ihren Einsatz und ihre Begrenzung entscheidet, nicht infrage stellt. Zum realistischen Blick gehört auch die Kenntnisnahme des unkontrollierbaren Wachstums und der Konkurrenz der Weltmächte um die KI-Forschung als Teil des generellen ökonomischen und geopolitischen Hegemoniestrebens.

Unübersehbar ist die Negativität, die in solchen Konstellationen als unstrittige Bedrohung und ethische Problematik das Gesicht der neuen Technologien mitprägt. In den Blick kommt die repressive, teils destruktive Macht, die sich mit der nicht-kontrollierbaren zivilisatorischen Neuerung, wie sie Mustafa Suleyman in der ‹kommenden Welle› der KI-Entwicklung beschrieben hat, verschränkt. Ihre finale Drohung bilden die Zerstörung der Erde und die Auslöschung der Spezies, ihre näherliegende Pointe die Ersetzbarkeit des Menschen. Es ist die Frontstellung, in welcher das von Foucault prognostizierte Ende des Menschen infrage steht. Gegen dieses an der Absolutheit des unvertretbaren Selbst festzuhalten, bedeutet nicht schon für sich eine zureichende Antwort auf die reale Bedrohung. Wohl aber markiert es den dezidierten Einspruch gegen die totalisierenden Absagen an das Subjekt, wie sie uns in kulturkritischen Parolen und destruktiven Techniktendenzen entgegentreten.

An der Leitidee des unvertretbaren Selbst inmitten der Ambivalenz des technologischen Wandels festzuhalten heißt, an dreierlei festzuhalten, was die kategorische Differenz zwischen einem lebensweltlich-subjektiven und einem anonym-subjektlosen Umgang mit Technik und digitalen Daten ausmacht. Es sind die drei an früherer Stelle genannten Angelpunkte des menschlichen Seinsverhältnisses: die Reflexivität, die existenzielle Lebensform und der emphatische Wirklichkeitsbezug. Sie begründen das Spezifische des menschlichen Tuns und Verstehens, das durch keine Künstliche Intelligenz und humanoide Robotik ersetzt werden kann. Entscheidend ist zunächst das erste, basalste Differenzmerkmal: die Selbstbezüglichkeit, welche ausmacht, dass die Gegenstände menschlichen Verhaltens und Wahrnehmens irgendwie *für* das Subjekt oder *durch* es sind, wodurch sich subjektives Erleben vom subjektlosen Haben von Zuständen und Vorstellungen abhebt. Es ist die formale Reflexivität des *Ich denke,* das nach Kant meine Vorstellungen begleitet, welche etwa das Sehen vom optischen Registrieren unterscheidet. Sie wird zweitens ergänzt durch die existenzielle Selbstbezüglichkeit, in der ich mein Leben führe und die gewissermaßen den Resonanzraum bildet, innerhalb dessen die von mir produzierten oder rezipierten Informationen ihre Bestimmtheit und ihren Gehalt gewinnen. Zu diesen beiden Dimensionen der Selbstbezüglichkeit, die dem objektiven Zirkulieren von Daten abgehen, kommt als drittes der emphatische Wirklichkeitsbezug hinzu, der die menschliche Intentionalität auszeichnet, welche sich auf reale, an sich seiende Personen und Gegenstände, nicht deren Konstrukte oder bloße Bilder bezieht.

Die drei Aspekte der Reflexivität, der existenziellen Lebensform und des Wirklichkeitsbezugs definieren drei Hinsichten, unter denen das menschliche Sagen und Tun sich ums Ganze von gegenständlich-mechanischen Prozessen unterscheidet. Die Differenz tritt exemplarisch am früher genannten Beispiel eines automatischen Austauschs von KI-generierten Liebesbriefen im Gegensatz zu einer interpersonalen Kommunikation hervor. Das Computergedicht hat zum einen keinen Autor, der das Gedicht als solches *gemeint* hat beziehungsweise *für* den es als Ausdruck seines Sagenwollens und Verliebtseins dient. Kein bewusstes Subjekt ist im Spiel, das dem Anderen etwas mitteilen will. Zum Zweiten fehlt die existenzielle Dimension der Lebensführung und Selbstverständigung, aus deren Fundus die Akte und Äußerungen eines Subjekts ihre Sinnhaftigkeit gewinnen, die keine Logistik aus einem Ensemble von Daten und Regeln generieren kann. Drittens verbleibt diese im geschlossenen systemischen Binnenraum, ohne das emphatische Wirklichkeitsverhältnis, in welchem wir auf Personen, Dinge und die Welt außerhalb unserer selbst Bezug nehmen. Der maschinellen Interaktion gehen das Subjekt, die Sinnhaftigkeit und der Wirklichkeitsbezug des menschlichen Sagens und Kommunizierens ab.

Es ist eine Differenz, deren Absolutheit nicht durch die Mischungen, Übergänge und Ambivalenzen des Lebens im Technisch-Digitalen suspendiert wird. Ein Fazit lautet, dass die originäre menschliche Wirklichkeit durch den zivilisatorischen Wandel, der wie eine Welle über alles hinweggeht und es in seinen Grundlagen verwandelt, nicht abgeschafft und verdrängt wird. Auch der Computer-Nerd bleibt ein realer Mensch, mit seinen sinnlichen und emotionalen Empfänglichkeiten und kreativen Potenzen. Gerade darin liegt die Herausforderung, dass er als Mensch *in* seiner Sinnlichkeit und Vernünftigkeit, *in* seiner Lebenskraft und Hinfälligkeit mit der technisch-digitalen Welt zurechtkommen muss. Dies auch im Blick darauf, dass diese ihm nicht nur als äußerliche Objektivität und fremde Umwelt gegenübertritt, sondern ihn in seinem Innersten tangiert, in seinem eigensten Tun und Erleben prägen und verwandeln, einschränken und fördern kann. So haben wir in dieser Konstellation mit einer zweifachen Doppelvalenz des Technischen zu tun, das dem Menschen innerlich und äußerlich, als Eigenes und Fremdes begegnen und sich ihm gegenüber als affirmative wie negative, aufbauende oder auflösende Macht etablieren kann. Als konstruktive Macht bringt sie digitale und KI-Schöpfungen in ihrer Leistung und ihrem Eigenwert zur Geltung, in einer Bewegung der Steigerung und Ermächtigung, die sich gleichzeitig als Entwurzelung und Zerstreuung realisieren kann. Für das erlebende Subjekt ist es nicht ohne Weiteres entscheidbar, ob sich die technische Transformation der menschlichen Lebensform als Weiterentwicklung oder als Schwächung, als Selbstaffirmation oder Verlust auswirkt. Fraglos gibt es viele Situationen, in denen das eine oder das andere eindeutig und vorherrschend ist. Computerkunst kann in Bild und Dichtung aufblühen und lebendige Werke hervorbringen, in denen Menschen sich selbst finden und ihre Existenz bejahen. Fortgeschrittene Technik kann Schwäche und Elend beheben, Künstliche Intelligenz kann unser Schaffen und Erkennen erweitern, vielleicht in ganz neuen Gestalten entstehen lassen. Gleichzeitig sind solche Transformationen nicht vor den Gefährdungen und Verfallstendenzen gefeit, die ihnen drohen oder ihrer Selbstverkehrung innewohnen. Sie können den innersten Strebungen des Menschen zuwiderlaufen, ihn zum Faktor von Programmen und Algorithmen regredieren lassen. Die fundamentale Zwiespältigkeit in der Stellung des Menschen ist nicht durch eine analytische Differenzierung aufzulösen, sondern wird durch die reale Gestalt des In-der-Welt-Seins entschieden. Es liegt weder am Wesen der Technik noch in der Natur der Künstlichen Intelligenz, ob der Mensch in der modernen Welt entfremdet ist oder authentisch, als er selbst existiert, ob er durch die entfesselte Macht seiner Produkte befreit oder unterjocht wird. Es sind die ‹realen Verhältnisse›, die konkreten Lebensumstände und gesellschaftlichen Rahmenbedingungen, welche hier die Weichen stellen. Sie suspendieren nicht die existenzielle Frage, die an den Einzelnen gestellt ist und ihn mit der Entscheidung des Wahrhaftigseins, der Option zwischen Selbstsein und Selbstflucht konfrontiert. Es ist eine Frage, die zwischen den Orientierungen des Sollens, des Könnens und des Wollens oszilliert und den Menschen in seiner anthropologischen Verfassung und moralischen Bestimmung zugleich herausfordert.

Bei alledem ist es wichtig, den kritischen Blick auf den Menschen im Zeitalter der Digitalität und Künstlichen Intelligenz nicht auf die alleinige Seite der Gefährdung und des Verlusts zu fixieren. Gleichzeitig ist am produktiven Potenzial der medialen Neuerung wie am substanziellen Selbst- und Wirklichkeitsbezug der Existenz festzuhalten, auch wenn dieser in der technologisch geprägten Lebensform zum Teil zurückgedrängt oder verdunkelt ist. Verlust und Auflösung sind konstitutiv auf ihr Anderes bezogen und durchdringen in einer fundamentalen Zwiespältigkeit die technische Welt. In ihr lebt Mensch in unauflöslicher Verstrickung zwischen Fremdheit und Selbstsein, zwischen Wahrhaftigkeit und Selbstverfehlung. Im Blick auf die digital-artifiziellen Kreationen gilt es, beide Seiten ernst zu nehmen. Sie sind irreversible Signaturen der Zeit und integrative Bestandteile des humanen Lebens, die eine unverkürzte Wahrnehmung weder apotheotisch überhöhen noch fatalistisch dämonisieren darf. Gleichzeitig ist das Spannungsverhältnis auszuloten, das die Realität durchzieht und sich zwischen dem Gebäude der herrschenden Kultur und ihrem Grund im Leben auftut. Die Fremdheit der technischen Überformung zu erkennen heißt nicht, sie gegen eine ursprüngliche Eigentlichkeit auszuspielen, sondern die Spannung in der Verständigung über den Menschen auszuhalten und in die eigene Lebensführung aufzunehmen. Auch im Umgang mit Virtualität und künstlicher Kreation existiert der Mensch in der Welt und im Medium lebendiger Begegnung. Welche existenzielle Präsenz dieser zukommt, hängt von den Umständen und konkreten Gestalten der technisch-medialen Praxis ab. Digitalität und Künstliche Intelligenz sind nicht einfach das Andere, sondern Teile einer Lebenswelt, in deren Binnenraum die Frage nach Authentizität und Fremdheit ausgetragen wird. An ihrem Spannungsverhältnis festzuhalten heißt, sich der Nivellierung und Indifferenz zwischen Leben und Kunst zu widersetzen. Ob der Mensch sich in seinen Hervorbringungen fremd wird oder sich in ihnen findet und verwirklicht, ist nicht gleichgültig. Die kritische Auseinandersetzung mit dem fremdgewordenen Leben vollzieht sich in Anerkennung seiner Ambiguität und in Gegenwendung zur Indifferenz.[146] Die eigentliche Herausforderung einer adäquaten, der Sache wie dem Subjekt angemessenen Beschreibung von Technik und Digitalität liegt darin, beide Seiten unverkürzt und ohne gegenseitige Aufhebung zum Tragen zu bringen.

Anmerkungen

1 Sigmund Freud, *Eine Schwierigkeit der Psychoanalyse*, in: Gesammelte Werke, Bd. XII, Frankfurt am Main: Fischer [3]1966, S. 1–12.

2 Michel Foucault, *Les mots et les choses. Une archéologie des sciences humaines*, Paris: Galllimard 1966, S. 398.

3 Ebd.

4 Ebd., S. 15.

5 Jacques Derrida, «Les fins de l'homme», in: *Marges de la philosophie*, Paris: Les Éditions de Minuit 1972, S. 129–164. Der Text, dessen Titel in der Pluralisierung mit der Doppelbedeutung von *fin* als Zweck und Ende spielt, nimmt in Zitaten des Vorspanns expliziten Bezug auf Foucault (sowie, mit den Konnotationen von Selbstzweck und Endziel, auf Kant und Sartre).

6 Martin Heidegger, *Brief über den «Humanismus»* [1947], in: *Wegmarken*, Frankfurt am Main: Klostermann 1967, S. 145–194.

7 Martin Heidegger, *Vorträge und Aufsätze*, Pfullingen: Neske [4]1978, S. 79.

8 Vgl. Anne Applebaum, *Die Achse der Autokraten. Korruption, Kontrolle, Propaganda: Wie Diktatoren sich gegenseitig an der Macht halten*, München: Siedler 2024.

9 So der dem Sophisten Protagoras zugeschriebene Grundgedanke: Platon, *Theaitetos* 152a: «Er sagt nämlich, der Mensch sei das Maß aller Dinge, der seienden, wie sie sind, der nichtseienden, wie sie nicht sind».

10 Sigmund Freud, *Eine Schwierigkeit der Psychoanalyse*, a. a. O., S. 11.

11 Georg Wilhelm Friedrich Hegel, *Vorlesungen über die Geschichte der Philosophie I*, Werke, Bd. 18, Frankfurt am Main: Suhrkamp 1970, S. 404, 447, 468.

12 Eduardo Cadava/Peter Connor/Jean-Luc Nancy (Hg.), *Who Comes After the Subject?*, London: Routledge 1991.

13 Sophokles, *Antigone*, V. 332 f.

14 Ebd. V. 349, 355, 366.

15 Anne Robert Jacques Turgot, *Über die Fortschritte des menschlichen Geistes*, hg. von Johannes Rohbeck und Lieselotte Steinbrügge, Frankfurt am Main: Suhrkamp 1990, S. 162 f.; Antoine Marquis de Condorcet, *Entwurf einer historischen Darstellung der Fortschritte des menschlichen Geistes*, Frankfurt am Main: Suhrkamp, S. 193, 212 f.

16 Thomas Hobbes, *Leviathan* (1651), Einleitung.

17 Aristoteles, *Metaphysik* I.5, 986a1–3.

18 René Descartes, *Discours de la Méthode* [1637], Cinquième Partie, in: *Œuvres et lettres*, Bibliothèque de la Pléiade, Paris: Gallimard 1954, S. 164; vgl. Dominik Perler, *René Descartes*, München: C. H. Beck 1998, S. 220–231.

19 René Descartes, *Discours de la Méthode*, a. a. O.

20 Ray Kurzweil, *Homo s@piens. Leben im 21. Jahrhundert – Was bleibt vom Menschen?*, Köln: Kiepenheuer & Witsch 1999, S. 24.

21 Ian McEwan, *Maschinen wie ich*, Zürich: Diogenes 2020.

22 Vgl. Roberto Simanowski, *Todesalgorithmus. Das Dilemma der künstlichen Intelligenz*, Wien: Passagen 2020.

23 Peter Koslowski, «Mensch-Maschine-Hybride: Dinge, die sprechen, und Maschinen, die unsere Brüder werden», in: Christoph Hubig/Peter Koslowski (Hg.), *Maschinen, die unsere Brüder werden. Mensch-Maschine-Interaktion in hybriden Systemen*, München: Fink 2008, S. 191–202, hier S. 199.

24 Ray Kurzweil, *Homo s@piens*, a. a. O., S. 18.

25 Vgl. Bernd Kleine-Gunk/Stefan Lorenz Sorgner, *Homo ex machina. Der Mensch von Morgen. Chancen und Risiken des Transhumanismus*, München: Goldmann 2023, S. 227 f.; Thomas Metzinger, «Postbiotisches Bewusstsein: Wie man ein künstliches Subjekt baut – und warum wir es nicht tun sollten», in: *Computer. Gehirn. Was kann*

der Mensch? Was können Computer?, Begleitpublikation zur Sonderausstellung im Heinz Nixdorf Museumsforum, Paderborn u. a.: Schöning 2001, S. 87–111.

26 Thomas Ramge, *Mensch und Maschine. Wie Künstliche Intelligenz und Roboter unser Leben verändern*, Stuttgart: Reclam 2023, S. 30 f., 39 ff.

27 Jörg Noller, *Digitalität. Zur Philosophie der digitalen Welt*, Basel: Schwabe 2022, S. 13.

28 Bernhard Waldenfels, *Globalität, Lokalität, Digitalität. Herausforderungen der Phänomenologie*, Berlin: Suhrkamp 2022, S. 147 f.

29 Daniel Feige, *Kritik der Digitalisierung. Technik, Rationalität und Kunst*, Hamburg: Meiner 2025, S. 63 ff.; Jörg Noller, *Digitalität*, a. a. O., S. 28, 74 ff.

30 Maurizio Ferraris, «L'esplosione della registrazione», in: Luca Taddio/Gabriele Giacomini (Hg.), *Filosofia del digitale*, Milano: Mimesis 2020, S. 91–108; ders., *Webfare. A Manifesto for Digital Well-Being*, Bielefeld: transcript 2024.

31 Maurizio Ferraris, «L'esplosione della registrazione», a. a. O., S. 96.

32 Ebd., S. 91.

33 Vgl. Daniel Feige, *Kritik der Digitalisierung*, a. a. O., S. 63 ff.

34 Bernhard Waldenfels, *Globalität, Lokalität, Digitalität*, a. a. O., S. 183 ff.

35 Platon, *Phaidros* 276a; vgl. Jacques Derrida, «La pharmacie de Platon», in: *La dissémination*, Paris: Seuil 1972, S. 77–213.

36 Edmund Husserl, *Die Krisis der europäischen Wissenschaften und die transzendentale Phänomenologie. Eine Einleitung in die phänomenologische Philosophie*, Husserliana Bd. VI, Den Haag: Nijhoff ^{2}1962, S. 365–386 (der Text von 1936 wurde zuerst von Eugen Fink 1969 unter dem Titel «Die Frage nach dem Ursprung der Geometrie als intentionalhistorisches Phänomen» in der *Revue Internationale de Philosophie*, Brüssel, 1. Jg. No. 2, S. 203–335 veröffentlicht).

37 Vgl. Jörg Noller, *Digitalität*, a. a. O., S. 23 f.

38 Vgl. ebd., S. 101.

39 Julian Nida-Rümelin/Nathalie Weidenfeld, *Was kann und darf künstliche Intelligenz? Ein Plädoyer für Digitalen Humanismus,* München: Piper [2]2023, S. 16.

40 Burkhard Liebsch, *Umsonst ‹gegeben›? Phänomenologie und Hermeneutik im sozialphilosophischen Rückblick*, Baden-Baden: Alber/Nomos 2024, S. 153.

41 Ebd., S. 164, 167.

42 Jörg Noller, *Digitalität*, a. a. O., S. 26 ff., 101 f.

43 Julian Nida-Rümelin/Nathalie Weidenfeld, *Was kann und darf künstliche Intelligenz? Plädoyer für Digitalen Humanismus,* München: Piper [2]2023, S. 18, 26.

44 Michael Heinlein/Norbert Huchler (Hg.), *Künstliche Intelligenz, Mensch und Gesellschaft. Soziale Dynamiken und gesellschaftliche Folgen einer technologischen Innovation,* Wiesbaden: Springer 2024, S. 4.

45 In ironischer Zuspitzung illustriert dies Woody Allen: «I took a course in speed reading and was able to read War and Peace in 20 minutes. It's about Russia», zit. in: Florian Rötzer, *Lesen im Zeitalter der künstlichen Intelligenz. Über den Wandel einer Kulturtechnik,* Bielefeld: transcript 2023, S. 118.

46 Siehe «Entfremdung und Zeitkritik», S. 116.

47 Aristoteles, *Politik,* 1253a9–19.

48 Vgl. Gerhard Roth, *Wie einzigartig ist der Mensch? Die lange Evolution des Gehirns und des Geistes,* Heidelberg: Spektrum Akademischer Verlag (Springer) 2010, S. XVI.

49 Ebd., S. 400, 409.

50 Ebd., S. 411.

51 Boris Kotchoubey betont, dass der «neurobiologische Reduktionismus» auf einer spezifisch «neurobiologischen Ontologie» beruht und sich grundsätzlich vom «klassischen Reduktionismus» und der «gewöhnlichen naturalistischen Ontologie der bisherigen Naturwissenschaften» unterscheidet: «Der neurobiologische Reduktionismus. Sein Anspruch und seine empirische Basis», in: Wolfgang Achtner u. a. (Hg.), *Künstliche Intelligenz und menschliche Person*, Marburg: N. G. Elwert Verlag 2006, S. 157–176, hier S. 158, 164.

52 Vgl. Richard David Precht, *Künstliche Intelligenz und der Sinn des Lebens*, München: Goldmann [3]2020, S. 30, 131 f.

53 Peter Koslowski, «Mensch-Maschinen-Hybride: Dinge, die sprechen, und Maschinen, die unsere Brüder werden», a. a. O., S. 191–202.

54 Ebd. 198.

55 Richard David Precht, *Künstliche Intelligenz und der Sinn des Lebens*, a. a. O., S. 24.

56 Rüdiger Safranski, «Der menschliche Geist im Schatten der KI», 60. Aeneas-Silvius-Vorlesung Basel, 5. November 2024.

57 Vgl. Jan Söffner: «Sinn und Sinnlosigkeit. Die Frage nach der Stellung der Hermeneutik im Zeitalter der künstlichen Intelligenz», in: Andreas Kablitz/Christoph Markschies/Peter Strohschneider (Hg.), *Hermeneutik unter Verdacht*, Berlin/Boston: de Gruyter 2021, S. 1–22.

58 Vgl. Daniel Feige, *Kritik der Digitalisierung*, a. a. O., S. 10 f.

59 Reinhard Kreissl/Roger von Laufenberg, «Risiken und Gefahren der ‹Künstlichen› ‹Intelligenz›», in: Michael Heinlein/Norbert Huchler (Hg.), *Künstliche Intelligenz, Mensch und Gesellschaft*, a. a. O., S. 225–261, hier S. 250.

60 Martin Heidegger, *Brief über den «Humanismus»*, a. a. O., S. 145–194.

61 Annemarie Pieper, *Ein Seil geknüpft zwischen Tier und Übermensch: Philosophische Erläuterungen zu Nietzsches erstem ‹Zarathustra›*, Stuttgart: Klett-Cotta 1990; aktualisierte Neuausgabe Basel: Schwabe 2010.

62 Stefan Herbrechter, «Humanismus, Post- und Trans-», in: Philipp Wolf (Hg.), *Transhumanismus, Posthumanismus und neue Technologien*, Leipzig: Leipziger Uni-Verlag 2020, S. 143–156, hier S. 154.

63 Ray Kurzweil, *Homo s@piens*, a. a. O.

64 Peter Sloterdijk, *Regeln für den Menschenpark. Ein Antwortschreiben zu Heideggers Brief über den Humanismus*, Frankfurt am Main: Suhrkamp [[1]1999] 2008. Walther Ch. Zimmerli spricht von einer «Eugenik durch die Hintertür»: «Jenseits von Zähmung oder Züchtung. Die Ablösung der künstlichen Intelligenz durch den Netzwerk-Menschen»,

in: Karl R. Kegler/Max Kerner (Hg.), *Der künstliche Mensch. Körper und Intelligenz im Zeitalter ihrer technischen Reproduzierbarkeit*, Köln/Weimar/Wien: Böhlau 2002, S. 75–103, hier S. 85. Vgl. Bernd Kleine-Gunk/Stefan Lorenz Sorgner, *Homo ex machina. Der Mensch von Morgen. Chancen und Risiken des Transhumanismus*, München: Goldmann 2023; Armin Grunwald (Hg.), *Wer bist du, Mensch? Transformationen menschlicher Selbstverständnisse im wissenschaftlich-technischen Fortschritt*, Freiburg im Breisgau/Basel/Wien: Herder 2021.

65 Wolfgang Welsch, *Immer nur der Mensch? Entwürfe zu einer anderen Anthropologie*, Berlin: Akademie Verlag 2011, S. 195 ff.; Martin Heidegger, *Brief über den «Humanismus»*, a. a. O., S. 192; vgl. Francesca Ferrando, «Philosophischer Posthumanismus», in: Torsten Cress u. a. (Hg.), *Posthuman? Neue Perspektiven auf Natur/Kultur*, Paderborn: Brill/Fink 2023, S. 137–161, hier S. 142.

66 Martin Heidegger, *Brief über den «Humanismus»*, a. a. O., S. 162, 172.

67 Janina Loh, *Trans- und Posthumanismus zur Einführung*, Hamburg: Junius 2018, S. 12 f., 17.

68 François-David Sebbah, «Le posthumain et la mort de l'autre», in: Sylvie Bauer u. a. (Hg.), *Subjectivités numériques et posthumain*, Rennes: Presses universitaires de Rennes 2020, S. 219–228, hier S. 219 ff.

69 Friedrich Nietzsche, *Über Wahrheit und Lüge im aussermoralischen Sinne*, in: Sämtliche Werke. Kritische Studienausgabe, Bd. 1, München/Berlin/New York: dtv/de Gruyter 1980, S. 873–890, hier S. 875. Vgl. Stefan Herbrechter, *Posthumanismus. Eine kritische Einführung*, Darmstadt: Wissenschaftliche Buchgesellschaft 2009, S. 6.

70 Stefan Herbrechter, *Posthumanismus*, a. a. O., S. 11.

71 Vgl. Dieter Thomä, *Post-. Nachruf auf eine Vorsilbe*, Berlin: Suhrkamp 2025.

72 Eduardo Cadava/Peter Connor/Jean-Luc Nancy (Hg.), *Who Comes After the Subject?*, a. a. O.

73 Mustafa Suleyman, mit Michael Bhaskar, *The Coming Wave. Künstliche Intelligenz, Macht und das größte Dilemma des 21. Jahrhunderts*, München: C. H. Beck 2024, S. 327.

74 Vgl. Torsten Cress u. a. (Hg.), *Posthuman?*, a. a. O., S. 1.

75 Vgl. Jean-François Lyotard, «Une fable postmoderne», in: *Moralités postmodernes*, Paris: Galilée 1993, S. 87; Francesca Ferrando, «Philosophischer Posthumanismus», a. a. O., S. 137 ff.

76 Rosi Braidotti, zitiert in: Janina Loh, *Trans- und Posthumanismus zur Einführung*, a. a. O., S. 181.

77 Ebd.

78 Stefan Lorenz Sorgner, «Konvergenz von Trans- und kritischem Posthumanismus», in: Philipp Wolf (Hg.), *Transhumanismus, Posthumanismus und neue Technologien*, Leipzig: Leipziger Uni-Verlag 2020, S. 39–58, hier S. 39 f.

79 Jörg Noller, *Digitalität*, a. a. O., S. 15.

80 Richard David Precht, *Künstliche Intelligenz und der Sinn des Lebens*, a. a. O., S. 103.

81 Reinhard Kreissl/Roger von Laufenberg, «Risiken und Gefahren der ‹Künstlichen› ‹Intelligenz›», a. a. O., S. 239.

82 Vgl. Bernhard Waldenfels, *Globalität, Lokalität, Digitalität*, a. a. O., S. 148 ff.; Dorothea Winter, *Warum Künstliche Intelligenz keine schöne Kunst im kantischen Sinne hervorbringen kann*, Berlin: Metzler 2022, S. 42 f.

83 Vgl. Klaus Mainzer, «Anfänge der Künstlichen Intelligenz in Technik- und Philosophiegeschichte», in: K. Mainzer (Hg.), *Philosophisches Handbuch Künstliche Intelligenz*, Springer: Wiesbaden 2020, S. 5 ff.

84 Eduard Kaeser, *Artfremde Subjekte. Subjektives Erleben bei Tieren, Pflanzen und Maschinen?*, Basel: Schwabe 2015.

85 Julian Nida-Rümelin/Nathalie Weidenfeld, *Was kann und darf künstliche Intelligenz?*, a. a. O., S. 254; Thomas Fuchs, *Verteidigung des Menschen. Grundfragen einer verkörperten Anthropologie*, Berlin: Suhrkamp 2020.

86 Thomas Fuchs, *Verteidigung des Menschen*, a. a. O., S. 25.

87 Sebastian Knell, «Holzwege und Sesselkapriolen: Begriffliche Überlegungen zur Debatte über den Status ‹Künstlicher Intelligenz›», in: Allgemeine Zeitschrift für Philosophie, Heft 1/2024, Jahrgang 49, S. 27–45. – Frank Jäkel hält fest, dass die traditionelle KI-Forschung auf das Lösen spezieller Teilaufgaben fokussiert war und «gar nicht

den Anspruch» vertrat, «eine echte KI zu entwickeln, die selbstständig alle möglichen Aufgaben bewältigen kann»: Frank Jäkel, *Die intelligente Täuschung. Über die Fähigkeiten künstlicher Intelligenz*, Bielefeld: transcript 2025, S. 64.

88 Denis Diderot, Art. «Encyclopédie», in: ders., *Œuvres complètes*, Vol. VII: Encyclopédie III, Paris: Hermann 1976, S. 174–262, hier S. 213 [zit. nach Wolfgang Welsch, *Immer nur der Mensch?*, a. a. O., S. 171].

89 Andrea Kern, Einführende Notiz zur Jahrbuch-Kontroverse III: Matthew Boyle, Self-Consciousness, Transparency and Reflection, in: Philosophisches Jahrbuch 2024, Heft 1, S. 78; vgl. Matthew Boyle, *Transparency and Reflection. A Study of Self-Knowledge and the Nature of Mind*, Oxford: Oxford University Press 2024.

90 Immanuel Kant, *Kritik der reinen Vernunft*, § 16 (B131–132); vgl. Konrad Cramer, «Über Kants Satz: Das: Ich denke, muss alle meine Vorstellungen begleiten können», in: Konrad Cramer u. a. (Hg.), *Theorie der Subjektivität* [Dieter Henrich zum 60. Geburtstag], Frankfurt am Main: Suhrkamp 1987, S. 167–202.

91 Descartes hat die Abhandlung *La dioptrique* zusammen mit dem *Discours de la méthode* als dessen Anwendung publiziert (1637).

92 Dan Zahavi unterscheidet in diesem Sinn egologische und nicht-egologische Bewusstseinskonzepte: Dan Zahavi, *Subjectivity and Selfhood. Investigating the First-Person Perspective*, Cambridge, MA: MIT Press 2005, S. 99 f.

93 Jean-Paul Sartre, *L'être et le néant*, Paris: Gallimard 1943, S. 20.

94 Ebd., S. 19.

95 Ebd., S. 18.

96 Matthew Boyle, *Transparency and Reflection*, a. a. O.; Dieter Henrich, *Fichtes ursprüngliche Einsicht*, Frankfurt am Main: Klostermann 1967; Ulrich Pothast, «Etwas über ‹Bewusstsein›», in: Konrad Cramer u. a. (Hg.), *Theorie der Subjektivität*, a. a. O., S. 15–43.

97 Vgl. Elisabeth Anscombe, «The First Person» [1975], in: Collected Philosophical Papers, Vol. 2, *Metaphysics and Philosophy of Mind*, Oxford: Blackwell 1981, S. 21–36; Sebastian Rödl, «The First Person and Self-Knowledge in Analytic Philosophy», in: Ursula Renz (Hg.),

Self-Knowledge: A History, Oxford: Oxford University Press 2017. S. 280–294.

98 Vgl. Dan Zahavi, *Subjectivity and Selfhood*, a. a. O., S. 124.

99 Immanuel Kant, *Kritik der reinen Vernunft*, a. a. O., § 16 (B132).

100 Vgl. Burkhard Liebsch, *Umsonst ‹gegeben›? Phänomenologie und Hermeneutik im sozialphilosophischen Rückblick*, Baden-Baden: Alber/Nomos 2014, S. 151–172, hier S. 170.

101 Georges Devereux, *Angst und Methode in den Verhaltenswissenschaften*, Frankfurt am Main/Berlin/Wien: Ullstein 1976, S. 190.

102 Robert Spaemann, *Personen. Versuche über den Unterschied zwischen ‹etwas› und ‹jemand›*, Stuttgart: Klett-Cotta 1996, S. 20, 29, 52.

103 Ebd., S. 14, 87 ff.

104 Dieter Freundlieb, «Selbstbewusstsein und bewusstes Leben. Henrichs Projekt einer Verknüpfung von Bewusstseinsphilosophie und Existenzphilosophie», in: Manfred Frank/Jan Kuneš (Hg.), *Selbstbewusstsein. Dieter Henrich und die Heidelberger Schule*, Heidelberg: Metzler 2022, S. 181–210, hier S. 183.

105 Siehe «Jenseits des Selbstbezugs – Welt, Andersheit, Ganzheit», S. 98.

106 Dan Zahavi differenziert – u. a. gegen die Leugnung des Selbst bei Metzinger – unterschiedliche Perspektiven der Selbstkonzeption: die kantische Vorstellung eines Identitätspols, die hermeneutische Perspektive der narrativen Konstruktion, die phänomenologische Dimension der Erfahrung: Dan Zahavi, *Subjectivity and Selfhood*, a. a. O., S. 101 f., 104 ff.

107 Ian McEwan, *Maschinen wie ich*, a. a. O., S. 312.

108 Thomas Nagel, «What Is It Like to Be a Bat?», in: The Philosophical Review, vol. 83, no. 4, 1974, S. 435–450 (dt. «Wie ist es, eine Fledermaus zu sein?», in: Peter Bieri (Hg.), *Analytische Philosophie des Geistes*, Königstein: Hain 1981, S. 261–275).

109 Florian Rötzer, *Lesen im Zeitalter der künstlichen Intelligenz*, a. a. O., S. 58.

110 Thomas Fuchs, *Verteidigung des Menschen*, a. a. O., S. 13 f.; Bernhard Waldenfels, *Globalität, Lokalität, Digitalität*, a. a. O., S. 148.

111 Ursula Wolf, «Gefühle im Leben und in der Philosophie», in: Hinrich Fink-Eitel/Georg Lohmann (Hg.), *Philosophie der Gefühle*, Frankfurt am Main: Suhrkamp, S. 112–135, hier S. 115.

112 Matthew Boyle, *Transparency and Reflection*, a. a. O., S. 265, 276 f.

113 Charles Taylor, «Self-interpreting Animals», in: *Philosophical Papers*, Vol. I: *Human Agency and Language*, Cambridge: Cambridge University Press 1985, S. 45–76.

114 Matthew Boyle (mit Bezug auf Sartres *Esquisse d'une théorie des émotions*), *Transparency and Reflection*, a. a. O., S. 1, 5.

115 Richard David Precht, *Künstliche Intelligenz und der Sinn des Lebens*, a. a. O., S. 34, 73.

116 Matthew Boyle, *Transparency and Reflection*, a. a. O., S. 276.

117 Vgl. Emil Angehrn, *Selbst sein. Zwischen Wahrhaftigkeit und Selbstverfehlung*, Hamburg: Meiner 2024.

118 Die Geschlossenheit und Weltfremdheit bildet ein Moment der terminologischen Problematik dieser Bezeichnung: vgl. Sebastian Knell, «Holzwege und Sesselkapriolen», a. a. O.

119 Wolfgang Welsch, *Immer nur der Mensch?*, a. a. O., S. 185, 233.

120 Reinhard Kreissl/Roger von Laufenberg, «Risiken und Gefahren der ‹Künstlichen› ‹Intelligenz›», S. 231 f.

121 Robert Spaemann, *Personen*, a. a. O., S. 84; Thomas Fuchs, *Verteidigung des Menschen*, a. a. O., S. 158 f.

122 Thomas Fuchs, *Verteidigung des Menschen*, a. a. O., S. 13, 307.

123 Robert Spaemann, *Personen*, a. a. O., S. 88.

124 René Descartes, *Meditationes de prima philosophia*, Meditatio II.13.

125 Emil Angehrn, «Vom Zwiespalt der Wahrhaftigkeit. Wahrsein vom Anderen her», in: Emil Angehrn/Joachim Küchenhoff (Hg.), *Wahrhaftigkeit und Unwahrhaftigkeit im Gespräch. Philosophische und psychoanalytische Perspektiven*, Weilerswist: Velbrück Wissenschaft 2025, S. 13–26.

126 Vgl. Donald W. Winnicott, *Vom Spiel zur Kreativität*, Stuttgart: Klett 1973.

127 Dieter Henrich, *Denken und Selbstsein. Vorlesungen über Subjektivität*, Frankfurt am Main: Suhrkamp 2007, S. 9 ff., 376 ff.; *Endlichkeit und Sammlung des Lebens*, Tübingen: Mohr Siebeck 2009; *Dies Ich, das viel besagt. Fichtes Einsicht nachdenken*, Frankfurt am Main: Klostermann 2019.

128 Elena Esposito, «Fiktion und Virtualität», in: Sybille Krämer (Hg.), *Medien – Computer – Realität. Wirklichkeitsvorstellungen und Neue Medien*, Frankfurt am Main: Suhrkamp 1998, S. 270.

129 Vgl. Emil Angehrn, «Vom Zwiespalt der Wahrhaftigkeit. Wahrsein vom Anderen her», a. a. O.

130 Vgl. Emil Angehrn, *Selbst sein*, a. a. O.

131 Vgl. Martin Heidegger, *Vorträge und Aufsätze* [1954], Pfullingen: Neske 1959, S. 27–30, 87–91; *Holzwege*, in: Gesamtausgabe, Bd. 5, Frankfurt am Main: Klostermann [2]2003, S. 97, 265.

132 Schlusssatz der Gedichtsammlung *Une saison en enfer* (1873) von Arthur Rimbaud; vgl. Dietmar Kamper, «Aufklärung – was sonst? Eine dreifache Polemik gegen ihre Verteidiger», in: ders. (Hg.), *Die unvollendete Vernunft*, Frankfurt am Main: Suhrkamp 1987, S. 37.

133 Vgl. Dieter Thomä, *Post-. Nachruf auf eine Vorsilbe*, a. a. O.

134 Friedrich Nietzsche, Nachlaß VIII, 7 [60], in: *Kritische Studienausgabe in 15 Bänden*, Bd. 12, München/Berlin/New York: de Gruyter/dtv 1980, S. 315.

135 Friedrich Nietzsche, «Über Wahrheit und Lüge im aussermoralischen Sinne», Bd. 1, a. a. O., S. 875.

136 Jürgen Habermas, *Theorie des kommunikativen Handelns. Band 2: Zur Kritik der funktionalistischen Vernunft*, Frankfurt am Main: Suhrkamp 1981, S. 522 passim.

137 Harald Welzer, «Digitalisierung als Kolonialisierung der Lebenswelt. Über die Optimierung von Herrschaft und Knechtschaft», in: Das Magazin der Kulturstiftung des Bundes 33 (2019).

138 Mustafa Suleyman, *The Coming Wave*, a. a. O., S. 10.

139 So der Titel seiner programmatischen Schrift *(The Coming Wave)*.

140 Suleyman verweist auf den alarmierenden Umstand, dass schon ein einziger Mensch heute die Fähigkeit haben kann, durch Schaffung

neuartiger Krankheitserreger eine Milliarde Menschen zu töten: Mustafa Suleyman, *The Coming Wave*, a. a. O., S. 20.

141 Ebd., S. 246.

142 Ebd., S. 242.

143 Ebd., S. 27, 326.

144 Ebd., S. 139.

145 Günther Anders, *Die Antiquiertheit des Menschen, Band I: Über die Seele im Zeitalter der zweiten industriellen Revolution*, München: C. H. Beck 1956, S. 276; *Band II: Über die Zerstörung des Lebens im Zeitalter der dritten industriellen Revolution*, München: C. H. Beck 1980, S. 10, 20; Karl Jaspers, *Die Atombombe und die Zukunft des Menschen: Politisches Bewusstsein in unserer Zeit*, München: Piper 1957.

146 Vgl. Georg Lohmann, *Indifferenz und Gesellschaft. Eine kritische Auseinandersetzung mit Marx*, Frankfurt am Main: Suhrkamp 1991.

Bibliografie

Anders, Günther, *Die Antiquiertheit des Menschen Band I: Über die Seele im Zeitalter der zweiten industriellen Revolution*, München: C. H. Beck 1956.

Anders, Günther, *Die Antiquiertheit des Menschen, Band II: Über die Zerstörung des Lebens im Zeitalter der dritten industriellen Revolution*, München: C. H. Beck 1980.

Angehrn, Emil, *Selbst sein. Zwischen Wahrhaftigkeit und Selbstverfehlung*, Hamburg: Meiner 2024.

Angehrn, Emil, «Vom Zwiespalt der Wahrhaftigkeit. Wahrsein vom Anderen her», in: Emil Angehrn/Joachim Küchenhoff (Hg.), *Wahrhaftigkeit und Unwahrhaftigkeit im Gespräch. Philosophische und psychoanalytische Perspektiven*, Weilerswist: Velbrück Wissenschaft 2025, S. 13–26.

Anscombe, Elisabeth, «The First Person» [1975], in: Collected Philosophical Papers, Vol. 2, *Metaphysics and Philosophy of Mind*, Oxford: Blackwell 1981, S. 21–36.

Applebaum, Anne, *Die Achse der Autokraten. Korruption, Kontrolle, Propaganda: Wie Diktatoren sich gegenseitig an der Macht halten*, München: Siedler 2024.

Aristoteles, *Metaphysik*, hg. von Ursula Wolf, Reinbek: Rowohlt 1994.

Aristoteles, *Politik*, hg. von Ursula Wolf, Reinbek: Rowohlt 1994.

Boyle, Matthew, *Transparency and Reflection. A Study of Self-Knowledge and the Nature of Mind*, Oxford: Oxford University Press 2024.

Cadava, Eduardo/Connor, Peter/Nancy, Jean-Luc (Hg.), *Who Comes After the Subject?*, London: Routledge 1991.

Cramer, Konrad, «Über Kants Satz: Das: Ich denke, muss alle meine Vorstellungen begleiten können», in: Konrad Cramer u. a. (Hg.), *Theorie der Subjektivität* [Dieter Henrich zum 60. Geburtstag], Frankfurt am Main: Suhrkamp 1987, S. 167–202.

Cress, Torsten u. a. (Hg.), *Posthuman? Neue Perspektiven auf Natur/Kultur*, Paderborn: Brill/Fink 2023.

Derrida, Jacques, «La pharmacie de Platon», in: *La dissémination*, Paris: Seuil 1972, S. 77–213.

Derrida, Jacques, «Les fins de l'homme», in: *Marges de la philosophie*, Paris: Les Éditions de Minuit 1972, S. 129–164.

Descartes, René, *Discours de la Méthode*, in: *Œuvres et lettres*, Bibliothèque de la Pléiade, Paris: Gallimard 1954, S. 125–179.

Descartes, René, *Meditationes de prima philosophia*, lateinisch-deutsch, Hamburg: Meiner 1959.

Devereux, Georges, *Angst und Methode in den Verhaltenswissenschaften*, Frankfurt am Main/Berlin/Wien: Ullstein 1976.

Diderot, Denis, Art. «Encyclopédie», in: ders., *Œuvres complètes*, Vol. VII: Encyclopédie III, Paris: Hermann 1976, S. 174–262.

Esposito, Elena, «Fiktion und Virtualität», in: Sybille Krämer (Hg.), *Medien – Computer – Realität. Wirklichkeitsvorstellungen und Neue Medien*, Frankfurt am Main: Suhrkamp 1998.

Feige, Daniel, *Kritik der Digitalisierung. Technik, Rationalität und Kunst*, Hamburg: Meiner 2025.

Ferrando, Francesca, «Philosophischer Posthumanismus», in: Torsten Cress u. a. (Hg.), *Posthuman? Neue Perspektiven auf Natur/Kultur*, Paderborn: Brill/Fink 2023, S. 137–161.

Ferraris, Maurizio, «L'esplosione della registrazione», in: Luca Taddio/Gabriele Giacomini (Hg.), *Filosofia del digitale*, Milano: Mimesis 2020, S. 91–10.

Ferraris, Maurizio, *Webfare. A Manifesto for Digital Well-Being*, Bielefeld: transcript 2024.

Foucault, Michel, *Les mots et les choses. Une archéologie des sciences humaines*, Paris: Gallimard 1966.

Freud, Sigmund, *Eine Schwierigkeit der Psychoanalyse*, in: Gesammelte Werke, Bd. XII, Frankfurt am Main: Fischer [3]1966.

Freundlieb, Dieter, «Selbstbewusstsein und bewusstes Leben. Henrichs Projekt einer Verknüpfung von Bewusstseinsphilosophie und Existenzphilosophie», in: Manfred Frank/Jan Kuneš (Hg.), *Selbstbewusstsein. Dieter Henrich und die Heidelberger Schule*, Heidelberg: Metzler 2022, S. 181–210.

Fuchs, Thomas, *Verteidigung des Menschen. Grundfragen einer verkörperten Anthropologie*, Berlin: Suhrkamp 2020.

Grunwald, Armin (Hg.), *Wer bist du, Mensch? Transformationen menschlicher Selbstverständnisse im wissenschaftlich-technischen Fortschritt*, Freiburg im Breisgau/Basel/Wien: Herder 2021.

Habermas, Jürgen, *Theorie des kommunikativen Handelns. Band 2: Zur Kritik der funktionalistischen Vernunft*, Frankfurt am Main: Suhrkamp 1981.

Hegel, Georg Wilhelm Friedrich, *Vorlesungen über die Geschichte der Philosophie I*, Werke, Bd. 18, Frankfurt am Main: Suhrkamp 1970.

Heidegger, Martin, *Brief über den «Humanismus»* [1947], in: *Wegmarken*, Frankfurt am Main: Klostermann 1967, S. 145–194.

Heidegger, Martin, *Holzwege*, in: Gesamtausgabe, Bd. 5, Frankfurt am Main: Klostermann [2]2003.

Heidegger, Martin, *Vorträge und Aufsätze* [1954], Pfullingen: Neske 1959.

Heinlein, Michael/Huchler, Norbert (Hg.), *Künstliche Intelligenz, Mensch und Gesellschaft. Soziale Dynamiken und gesellschaftliche Folgen einer technologischen Innovation*, Wiesbaden: Springer 2024.

Henrich, Dieter, *Denken und Selbstsein. Vorlesungen über Subjektivität*, Frankfurt am Main: Suhrkamp 2007.

Henrich, Dieter, *Dies Ich, das viel besagt. Fichtes Einsicht nachdenken*, Frankfurt am Main: Klostermann 2019.

Henrich, Dieter, *Endlichkeit und Sammlung des Lebens*, Tübingen: Mohr Siebeck 2009.

Henrich, Dieter, *Fichtes ursprüngliche Einsicht*, Frankfurt am Main: Klostermann 1967.

Herbrechter, Stefan, «Humanismus, Post- und Trans-», in: Philipp Wolf (Hg.), *Transhumanismus, Posthumanismus und neue Technologien*, Leipzig: Leipziger Uni-Verlag 2020, S. 143–156.

Herbrechter, Stefan, *Posthumanismus. Eine kritische Einführung*, Darmstadt: Wissenschaftliche Buchgesellschaft 2009.

Hobbes, Thomas, *Leviathan*, Darmstadt/Neuwied: Luchterhand 1966.

Husserl, Edmund, *Die Krisis der europäischen Wissenschaften und die transzendentale Phänomenologie. Eine Einleitung in die phänomenologische Philosophie*, Husserliana Bd. VI, Den Haag: Nijhoff [2]1962, S. 365–386.

Jäkel, Frank, *Die intelligente Täuschung. Über die Fähigkeiten künstlicher Intelligenz*, Bielefeld: transcript 2025.

Jaspers, Karl, *Die Atombombe und die Zukunft des Menschen: Politisches Bewußtsein in unserer Zeit*, München: Piper 1957.

Kaeser, Eduard, *Artfremde Subjekte. Subjektives Erleben bei Tieren, Pflanzen und Maschinen?*, Basel: Schwabe 2015.

Kamper, Dietmar, «Aufklärung – was sonst? Eine dreifache Polemik gegen ihre Verteidiger», in: ders. (Hg.), *Die unvollendete Vernunft*, Frankfurt am Main: Suhrkamp 1987.

Kant, Immanuel, *Kritik der reinen Vernunft*, Hamburg: Meiner 1998.

Kern, Andrea, Einführende Notiz zur Jahrbuch-Kontroverse III: Matthew Boyle, Self-Consciousness, Transparency and Reflection, in: Philosophisches Jahrbuch 2024, Heft 1, S. 78.

Kleine-Gunk, Bernd/Sorgner, Stefan Lorenz, *Homo ex machina. Der Mensch von Morgen. Chancen und Risiken des Transhumanismus*, München: Goldmann 2023.

Knell, Sebastian, «Holzwege und Sesselkapriolen: Begriffliche Überlegungen zur Debatte über den Status ‹Künstlicher Intelligenz›», in: Allgemeine Zeitschrift für Philosophie, Heft 1/2024, Jahrgang 49, S. 27–45.

Koslowski, Peter, «Mensch-Maschine-Hybride: Dinge, die sprechen, und Maschinen, die unsere Brüder werden», in: Christoph Hubig/Peter Koslowski (Hg.), *Maschinen, die unsere Brüder werden. Mensch-Maschine-Interaktion in hybriden Systemen*, München: Fink 2008, S. 191–202.

Kotchoubey, Boris, «Der neurobiologische Reduktionismus. Sein Anspruch und seine empirische Basis», in: Wolfgang Achtner u. a. (Hg.), *Künstliche Intelligenz und menschliche Person*, Marburg: N. G. Elwert Verlag 2006, S. 157–176.

Kreissl, Reinhard/von Laufenberg, Roger, «Risiken und Gefahren der ‹Künstlichen› ‹Intelligenz›», in: Michael Heinlein/Norbert Huchler (Hg.), *Künstliche Intelligenz, Mensch und Gesellschaft*, s. d., S. 225–261.

Kurzweill Ray, *Homo s@piens. Leben im 21. Jahrhundert – Was bleibt vom Menschen?*, Köln: Kiepenheuer & Witsch 1999.

Liebsch, Burkhard, *Umsonst ‹gegeben›? Phänomenologie und Hermeneutik im sozialphilosophischen Rückblick*, Baden-Baden: Alber/Nomos 2024.

Loh, Janina, *Trans- und Posthumanismus zur Einführung*, Hamburg: Junius 2018.

Lohmann, Georg, *Indifferenz und Gesellschaft. Eine kritische Auseinandersetzung mit Marx*, Frankfurt am Main: Suhrkamp 1991.

Lyotard, Jean-François, «Une fable postmoderne», in: *Moralités postmodernes*, Paris: Galilée 1993, S. 87.

Mainzer, Klaus, «Anfänge der Künstlichen Intelligenz in Technik- und Philosophiegeschichte», in: K. Mainzer (Hg.), *Philosophisches Handbuch Künstliche Intelligenz*, Springer: Wiesbaden 2020, S. 5 ff.

Marquis de Condorcet, Antoine, *Entwurf einer historischen Darstellung der Fortschritte des menschlichen Geistes*, Frankfurt am Main: Suhrkamp.

McEwan, Ian, *Maschinen wie ich*, Zürich: Diogenes 2020.

Metzinger, Thomas, «Postbiotisches Bewusstsein: Wie man ein künstliches Subjekt baut – und warum wir es nicht tun sollten», in: *Computer. Gehirn. Was kann der Mensch? Was können Computer?* Begleitpublikation zur Sonderausstellung im Heinz Nixdorf Museumsforum, Paderborn u. a.: Schöning 2001, S. 87–111.

Mühlhoff, Rainer, *Künstliche Intelligenz und der neue Faschismus*, Stuttgart: Reclam 2025.

Nagel, Thomas, «What Is It Like to Be a Bat?», in: The Philosophical Review, vol. 83, no. 4, 1974, S. 435–450 [dt. «Wie ist es, eine Fledermaus zu sein?», in: Peter Bieri (Hg.), *Analytische Philosophie des Geistes*, Königstein: Hain 1981, S. 261–275].

Nida-Rümelin, Julian/Weidenfeld, Nathalie, *Was kann und darf künstliche Intelligenz? Ein Plädoyer für Digitalen Humanismus*, München: Piper ²2023.

Nietzsche, Friedrich, Nachlaß VIII, 7 [60], in: *Kritische Studienausgabe in 15 Bänden*, Bd. 12, München/Berlin/New York: de Gruyter/dtv 1980.

Nietzsche, Friedrich, «Über Wahrheit und Lüge im aussermoralischen Sinne», in: *Sämtliche Werke. Kritische Studienausgabe*, Bd. 1, München/Berlin/New York: dtv/de Gruyter 1980, S. 873–890.

Noller, Jörg, *Digitalität. Zur Philosophie der digitalen Welt*, Basel: Schwabe 2022.

Perler, Dominik, *René Descartes*, München: C. H. Beck 1998.

Pieper, Annemarie, *Ein Seil geknüpft zwischen Tier und Übermensch: Philosophische Erläuterungen zu Nietzsches erstem ‹Zarathustra›*, Stuttgart: Klett-Cotta 1990 [aktualisierte Neuausgabe Basel: Schwabe 2010].

Platon, *Phaidros, Theaitetos*, Werke in acht Bänden griechisch und deutsch, Darmstadt: Wissenschaftliche Buchgesellschaft 1970 ff.

Pothast, Ulrich, «Etwas über ‹Bewusstsein›», in: Konrad Cramer u. a. (Hg.), *Theorie der Subjektivität*, s. d., S. 15–43.

Precht, Richard David, *Künstliche Intelligenz und der Sinn des Lebens*, München: Goldmann ³2020.

Range, Thomas, *Mensch und Maschine. Wie Künstliche Intelligenz und Roboter unser Leben verändern*, Stuttgart: Reclam 2023.

Rimbaud, Arthur, *Une saison en enfer*, Brüssel: Alliance typographique, 1873.

Rödl, Sebastian, «The First Person and Self-Knowledge in Analytic Philosophy», in: Ursula Renz (Hg.), *Self-Knowledge: A History*, Oxford: Oxford University Press 2017, S. 280–294.

Roth, Gerhard, *Wie einzigartig ist der Mensch? Die lange Evolution des Gehirns und des Geistes*, Heidelberg: Spektrum Akademischer Verlag (Springer) 2010.

Rötzer, Florian, *Lesen im Zeitalter der künstlichen Intelligenz. Über den Wandel einer Kulturtechnik*, Bielefeld: transcript 2023.

Safranski, Rüdiger, «Der menschliche Geist im Schatten der KI», 60. Aeneas-Silvius-Vorlesung Basel, 5. November 2024.

Sartre, Jean-Paul, *L'être et le néant*, Paris: Gallimard 1943.

Schmalzried, Lisa/Misselhorn, Catrin (Hg.), *Ästhetik, Digitalisierung und Künstliche Intelligenz*, Paderborn: Brill | Mentis 2026.

Sebbah, François-David, «Le posthumain et la mort de l'autre», in: Sylvie Bauer u. a. (Hg.), *Subjectivités numériques et posthumain*, Rennes: Presses universitaires de Rennes 2020, S. 219–228.

Simanowski, Roberto, *Todesalgorithmus. Das Dilemma der künstlichen Intelligenz*, Wien: Passagen 2020.

Simanowski, Roberto, *Sprachmaschinen. Eine Philosophie der künstlichen Intelligenz*, München: Beck 2025.

Sloterdijk, Peter, *Regeln für den Menschenpark. Ein Antwortschreiben zu Heideggers Brief über den Humanismus*, Frankfurt am Main: Suhrkamp [1 1999] 2008.

Söffner, Jan, «Sinn und Sinnlosigkeit. Die Frage nach der Stellung der Hermeneutik im Zeitalter der künstlichen Intelligenz», in: Andreas Kablitz/Christoph Markschies/Peter Strohschneider (Hg.), *Hermeneutik unter Verdacht*, Berlin/Boston: de Gruyter 2021, S. 1–22.

Sophokles, *Antigone*, griechisch/deutsch, Stuttgart: Reclam 1981.

Sorgner, Stefan Lorenz, «Konvergenz von Trans- und kritischem Posthumanismus», in: Philipp Wolf (Hg.), *Transhumanismus, Posthumanismus und neue Technologien*, Leipzig: Leipziger Uni-Verlag 2020, S. 39–58.

Spaemann, Robert, *Personen. Versuche über den Unterschied zwischen ‹etwas› und ‹jemand›*, Stuttgart: Klett-Cotta 1996.

Suleyman, Mustafa, mit Michael Bhaskar, *The Coming Wave. Künstliche Intelligenz, Macht und das größte Dilemma des 21. Jahrhunderts*, München: C. H. Beck 2024.

Taylor, Charles, «Self-interpreting Animals», in: *Philosophical Papers*, Vol. I: *Human Agency and Language*, Cambridge: Cambridge University Press 1985, S. 45–76.

Theunissen, Michael, *Sein und Schein. Die kritische Funktion der Hegelschen Logik*, Frankfurt am Main: Suhrkamp 1978.

Thomä, Dieter, *Post-. Nachruf auf eine Vorsilbe*, Berlin: Suhrkamp 2025.

Turgot, Anne Robert Jacques, *Über die Fortschritte des menschlichen Geistes*, hg. von Johannes Rohbeck und Lieselotte Steinbrügge, Frankfurt am Main: Suhrkamp 1990.

Waldenfels, Bernhard, *Globalität, Lokalität, Digitalität. Herausforderungen der Phänomenologie*, Berlin: Suhrkamp 2022.

Welsch, Wolfgang, *Immer nur der Mensch? Entwürfe zu einer anderen Anthropologie*, Berlin: Akademie Verlag 2011.

Welzer, Harald: «Digitalisierung als Kolonialisierung der Lebenswelt. Über die Optimierung von Herrschaft und Knechtschaft», in: Das Magazin der Kulturstiftung des Bundes 33 (2019).

Winnicott, Donald W., *Vom Spiel zur Kreativität*, Stuttgart: Klett 1973.

Winter, Dorothea, *Warum Künstliche Intelligenz keine schöne Kunst im kantischen Sinne hervorbringen kann*, Berlin: Metzler 2022.

Wolf, Ursula, «Gefühle im Leben und in der Philosophie», in: Hinrich Fink-Eitel/Georg Lohmann (Hg.), *Philosophie der Gefühle*, Frankfurt am Main: Suhrkamp, S. 112–135.

Zahavi, Dan, *Subjectivity and Selfhood. Investigating the First-Person Perspective*, Cambridge, MA: MIT Press 2005.

Zimmerli, Walther Ch., «Jenseits von Zähmung oder Züchtung. Die Ablösung der künstlichen Intelligenz durch den Netzwerk-Menschen», in: Karl R. Kegler/Max Kerner (Hg.), *Der künstliche Mensch. Körper und Intelligenz im Zeitalter ihrer technischen Reproduzierbarkeit*, Köln/Weimar/Wien: Böhlau 2002, S. 75–103.

Personenregister

Das Signet des Schwabe Verlags ist die Druckermarke der 1488 in Basel gegründeten Offizin Petri, des Ursprungs des heutigen Verlagshauses. Das Signet verweist auf die Anfänge des Buchdrucks und stammt aus dem Umkreis von Hans Holbein. Es illustriert die Bibelstelle Jeremia 23,29:
«Ist mein Wort nicht wie Feuer, spricht der Herr, und wie ein Hammer, der Felsen zerschmeisst?»